西北大学哲学社会科学繁荣发展计划项目资助

西北大学经济管理学院博士文库

A STUDY ON THE IMPACT OF CHINA'S PRIVATE INVESTMENT ON THE UPGRADING OF INDUSTRIAL STRUCTURE

中国民间投资的产业结构升级效应研究

深入分析民间投资对产业结构升级影响的传导机理、结构效应以及综合效应，设计民间投资发展与产业结构升级的实施路径和长效机制，促进经济持续健康发展。

刘希章◎著

中国经济出版社
CHINA ECONOMIC PUBLISHING HOUSE
北 京

图书在版编目（CIP）数据

中国民间投资的产业结构升级效应研究 / 刘希章著. --北京：中国经济出版社，2020.1
ISBN 978-7-5136-5154-7

Ⅰ.①中… Ⅱ.①刘… Ⅲ.①民间投资-产业结构升级-研究-中国 Ⅳ.①F832.48

中国版本图书馆 CIP 数据核字（2020）第 023869 号

责任编辑　贺　静
责任印制　巢新强
封面设计　华子设计

出版发行	中国经济出版社
印 刷 者	北京九州迅驰传媒文化有限公司
经 销 者	各地新华书店
开　　本	710mm×1000mm　1/16
印　　张	13.75
字　　数	197 千字
版　　次	2020 年 1 月第 1 版
印　　次	2020 年 1 月第 1 次
定　　价	69.00 元

广告经营许可证　京西工商广字第 8179 号

中国经济出版社 网址 www.economyph.com 社址 北京市东城区安定门外大街 58 号 邮编 100011
本版图书如存在印装质量问题，请与本社销售中心联系调换（联系电话：010-57512564）

版权所有　盗版必究（举报电话：010-57512600）
国家版权局反盗版举报中心（举报电话：12390）　　服务热线：010-57512564

前　言

改革开放以来,中国经济取得了令世界瞩目的成就,一跃成为仅次于美国的世界第二大经济体。然而,当前中国经济已进入"经济发展速度换挡期、结构调整阵痛期以及前期刺激政策消化期"三期叠加的新常态发展时期,其长期粗放型发展模式下的产业结构问题显现,产业结构不合理、产能过剩、环境污染、资源消耗超标等产业结构问题已经成为经济发展的重要障碍,因此,加快产业结构升级已成为目前我国面临的重大挑战。与此同时,随着国家鼓励民间投资发展的"旧36条"与"新36条"颁布实施,我国民间投资快速发展,目前已占据全社会投资的主体地位,那么,民间投资与产业结构升级的关系如何?民间投资是否促进了产业结构升级?这已成为学界十分关注的问题。因此,本书研究了民间投资与产业结构升级的关系,探明了民间投资对产业结构升级的影响效应,对于我国制定相关民间投资和产业结构升级政策具有重要的理论和现实意义。

本书在对民间投资与产业结构升级相关文献梳理和总结的基础上,首先,构建了民间投资的产业结构升级效应理论分析框架,分析了民间投资对产业结构升级影响的传导机理、结构效应以及综合效应;其次,着重分析了民间投资的动态运行特征与产业结构演进轨迹,并以省级面板数据为样本,采用混合效应模型、变系数模型、固定效应模型与随机效应模型,从劳动力水平、产出水平以及效率水平出发实证分析了民间投资的结构效应；再次，基于因子分析法构建了产业结构升级综合指数，利用动态GMM等方法实证考察了民间投资对产业结构升级影响的综合效应；最后，在本书理论分析和实证结论的基础上，提出了民间投资促进产业结构升级的政策建议。

本书主要结论和创新点如下：

（1）构建了民间投资影响产业结构升级的理论分析框架。第一，在分析我国民间投资影响产业结构升级制度基础以及民间投资发展演变事实的基础上，基于单部门与双部门两个视角依据结构主义增长理论数理论证了民间投资对产业结构升级影响的作用机制。研究发现，民间私人部门主要通过直接效应与间接外溢效应两个途径作用于产业结构升级。第二，揭示了民间投资对产业结构升级影响的结构效应。其一，民间投资主要通过创造效应与经济集聚效应促进劳动力水平产业结构优化升级；其二，民间投资作用于产出水平产业结构升级的途径有需求效应、资本积累效应和产业关联效应；其三，民间投资通过资本积累和技术创新渠道促进产业技术进步和产品创新，进而促进效率水平产业结构升级。第三，提出了民间投资影响产业结构升级的综合效应。事实上，民间投资的劳动力水平、产出水平以及效率水平产业结构升级效应之间是一种相互依存、相互补充的关系，综合三种子结构效应，即民间投资对产业结构升级的综合效应。

（2）揭示了民间投资的动态运行特征以及民间投资影响产业结构升级的结构效应。基于民间投资数据函数性特点，绘制一阶导函数与二阶导函数的相平面图，研究发现，我国全国及东、中、西部民间投资的动能总体上均呈不断上升趋势，势能均有所波动，但近期全国及东、中、西部动能势能均呈下降趋势。同时，以我国省际面板数据为样本，采用混合效应模型、变系数模型、固定效应模型与随机效应模型等计量方法实证检验了民间投资影响产业结构升级的结构效应的存在性与区域差异性。研究发现，第一，民间投资的劳动力水平产业结构升级效应客观存在，且该效应存在区域差异性，即东中部地区民间投资劳动力水平产业结构升级效应客观存在，且东部地区民间投资的劳动力水平产业结构升级效应大于中部地区，但西部地区民间投资并未引起其劳动力水平的产业结构升级效应；第二，民间投资的产出水平产业结构升级效应客观存在，且存在显著的区域差异性，即该效应在东部区域最大，中部次之，西部最小；第三，民间投资的效率水平产业结构升级效应客观存在，且存在区域差异性，即该效应在东部区域最大，中部次之，西部最小，但西部区域该效应并不具统计上的显著性。

（3）构建了产业结构升级综合指数，分析了民间投资影响产业结构升级的综合效应。从劳动力水平、产出水平以及效率水平三个方面设计诸多反映产业结构升级的指标，建立产业结构升级指标体系，并借助因子分析法构建了产业结构升级综合指数。在此基础上，通过对中国各省区产业结构升级综合指数的测算和比较发现：在区域层面，东部发达地区产业结构升级指数高于中西部地区；在趋势层面，各个省际区域的综合指数时间趋势并非一致。同时，以我国省际面板数据作为研究样本，利用动态 Diff – GMM、SYS – GMM 等方法实证检验了民间投资产业结构升级综合效应的存在性与区域差异性。研究发现，民间投资的产业结构升级综合效应客观存在，且公共投资对民间投资具有明显的挤出效应，并且发现民间投资的产业结构升级效应在不同区域存在差异，其中，东部区域最大，中部次之，西部最小。

目 录

1 绪 论 ·· 1
　1.1 研究背景 ·· 1
　1.2 研究目的和意义 ·· 4
　　1.2.1 研究目的 ·· 4
　　1.2.2 研究意义 ·· 5
　1.3 研究对象界定 ··· 6
　　1.3.1 民间投资 ·· 6
　　1.3.2 产业结构 ·· 9
　　1.3.3 产业结构升级 ·· 9
　1.4 研究方法 ·· 11
　1.5 本书结构及技术路线 ·· 13
　　1.5.1 本书结构 ·· 13
　　1.5.2 技术路线 ·· 15
　1.6 本书的主要观点与贡献 ··· 17

2 理论回顾与文献综述 ·· 19
　2.1 理论回顾 ·· 19
　　2.1.1 投资与经济增长相关理论 ·· 19
　　2.1.2 产业结构演进理论 ··· 22
　　2.1.3 投资与产业结构升级理论 ·· 24

2.2 民间投资相关研究 ·· 25
2.2.1 国外文献综述 ··· 25
2.2.2 国内文献综述 ··· 29
2.3 产业结构升级相关研究 ·· 34
2.3.1 国外文献综述 ··· 34
2.3.2 国内文献综述 ··· 35
2.4 民间投资与产业结构升级相关研究 ···························· 37
2.4.1 国外文献综述 ··· 37
2.4.2 国内文献综述 ··· 39
2.5 文献评述 ·· 42

3 我国民间投资产业结构升级效应的理论分析框架 ············· 44
3.1 我国民间投资影响产业结构升级的制度基础 ················ 44
3.1.1 基本经济制度 ··· 44
3.1.2 市场经济体制 ··· 45
3.2 我国民间投资的发展演变及作用 ······························ 48
3.2.1 我国民间投资的特定演变事实 ·························· 48
3.2.2 我国民间投资运行的主要壁垒因素 ····················· 50
3.2.3 我国民间投资对经济发展的作用 ······················· 55
3.3 民间投资对产业结构升级影响的作用机制 ·················· 57
3.3.1 民间投资对产业结构升级的影响：基于单部门视角 ···· 57
3.3.2 民间投资对产业结构升级的影响：基于双部门视角 ···· 59
3.4 民间投资对产业结构升级的影响效应 ························ 64
3.4.1 民间投资对产业结构升级影响的结构效应分析 ········ 64
3.4.2 民间投资对产业结构升级影响的综合效应分析 ········ 69
3.5 本书的理论假设与研究程序设计 ····························· 70
3.5.1 理论假设 ·· 70
3.5.2 研究程序设计 ··· 71

3.6 本章小结 72

4 我国民间投资运行特征与产业结构升级演进轨迹 73
4.1 我国民间投资的运行特征 73
    4.1.1 民间投资总量发展的特征剖析 73
    4.1.2 民间投资结构变化的多维度考察 75
    4.1.3 相平面图视角下民间投资动态运行特征 90
4.2 我国产业结构升级的演进轨迹事实 93
    4.2.1 劳动力水平视角下我国产业结构升级演进分析 94
    4.2.2 产出水平视角下我国产业结构升级演进分析 96
    4.2.3 效率水平视角下我国产业结构升级演进分析 98
4.3 我国民间投资产业分布的特定事实 105
    4.3.1 民间投资产业分布的明细考察 105
    4.3.2 民间投资产业结构的特征 107
4.4 本章小结 109

5 民间投资影响产业结构升级的结构效应实证分析 111
5.1 民间投资的劳动力水平产业结构升级效应分析 111
    5.1.1 民间投资影响劳动力水平产业结构升级的经验事实 111
    5.1.2 民间投资劳动力水平产业结构升级效应的存在性检验 ... 115
    5.1.3 民间投资劳动力水平产业结构升级效应的区域差异性
          检验 120
5.2 民间投资的产出水平产业结构升级效应分析 126
    5.2.1 民间投资影响产出水平产业结构升级的经验事实 126
    5.2.2 民间投资产出水平产业结构升级效应的存在性检验 128
    5.2.3 民间投资产出水平产业结构升级效应的区域差异性
          检验 132

5.3 民间投资的效率水平产业结构升级效应分析 …………………… 136
　　5.3.1 民间投资影响效率水平产业结构升级的经验事实 ……… 136
　　5.3.2 民间投资效率水平产业结构升级效应的存在性检验 …… 138
　　5.3.3 民间投资效率水平产业结构升级效应的区域差异性
　　　　　检验 …………………………………………………………… 143
5.4 本章小结 …………………………………………………………… 147

6 民间投资影响产业结构升级的综合效应实证分析 …………… 149
6.1 民间投资对产业结构升级的综合影响分析 …………………… 149
　　6.1.1 民间投资影响产业结构升级的理论分析 ………………… 149
　　6.1.2 民间投资影响产业结构升级的作用机制分析 …………… 150
　　6.1.3 民间投资影响产业结构升级的研究假设提出 …………… 151
6.2 民间投资对产业结构升级综合影响的研究设计 ……………… 154
　　6.2.1 变量选择及数据来源 ……………………………………… 154
　　6.2.2 模型设定 …………………………………………………… 159
　　6.2.3 估计方法选择 ……………………………………………… 160
6.3 民间投资对产业结构升级综合影响实证分析 ………………… 163
　　6.3.1 变量描述性分析 …………………………………………… 163
　　6.3.2 民间投资产业结构升级综合效应的存在性检验 ………… 164
　　6.3.3 民间投资产业结构升级综合效应的区域差异性检验 …… 167
6.4 本章小结 …………………………………………………………… 168

7 政策建议 ……………………………………………………………… 170
7.1 民间投资推动产业结构升级的实施路径选择 ………………… 170
　　7.1.1 坚持"政府引导＋市场驱动"模式 ……………………… 170
　　7.1.2 因地制宜地制定民间投资政策与产业结构升级目标 …… 171
　　7.1.3 建立区域民间投资聚集区 ………………………………… 172

7.2 民间投资推动产业结构升级的长效机制设计 ………………… 173
　　7.2.1 建立"民资、民用、民管"的内生性投融资运行
　　　　　机制 …………………………………………………… 173
　　7.2.2 健全多层次民间投资市场体系 ……………………… 174
　　7.2.3 构建"四位一体"的风险防范机制 ………………… 176
　　7.2.4 健全民间投资支持体系 ……………………………… 176
7.3 本章小结 ……………………………………………………… 176

参考文献 ……………………………………………………………… 179
索　引 ……………………………………………………………… 201
后　记 ……………………………………………………………… 205

1 绪 论

1.1 研究背景

产业结构升级是中国经济发展过程中的内在要求。改革开放以来,中国经济发展迅速,取得了令世界瞩目的成就,国内生产总值从1978年的3650亿元增长至2015年的676708亿元,增长了185.40倍,一跃成为仅次于美国的世界第二大经济体。然而,经济体的稳定健康发展不只是表现在GDP的稳定增长上,还表现在产业结构优化升级方面,即经济体的产业结构是否合理。理论界的研究以及国外发达国家的实践均已表明,产业结构升级是现代经济健康发展的重要因素,产业间的循环互动协调成长能够推动经济螺旋上升式地持续稳定发展。近年来,中国宏观经济形势发生了重大变化,特别是2008年国际金融危机以来,经济增长率由上升趋势转变为下降趋势。如2008—2012年经济增长率的平均值为9%,2013—2014年经济增长率平均值下降为7.55%,2015年经济增长率更是低至6.9%(见图1-1)。可见,经济增长率下降的趋势通道没有出现拐点,经济下滑的形势仍然严峻。同时,长期以来,中国经济一直是政府主导型,经济增长主要是粗放型增长方式,产业结构水平层次低的问题突出,且当前中国经济已进入"经济发展速度换挡期、结构调整阵痛期以及前期刺激政策消化期"三期叠加的新常态发展时期,产业结构不合理、环境污染、能源消耗严重、产能过剩、技术层次低等种种问题成为经济发展的重要障碍,因此,加快经济结构调整、促进产业结构升级成为目前我国面临的重大挑战。

民间投资是中国经济未来可持续发展的现实选择。一直以来,我国经

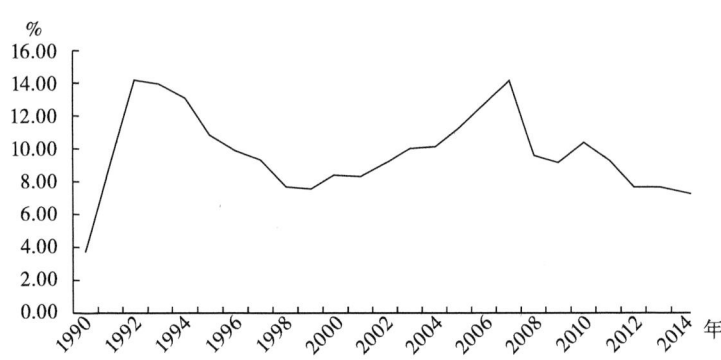

图 1-1　我国经济增长率变化趋势图（1978—2015 年）

资料来源：《中国统计年鉴》（1979—2016），笔者整理而得。

济一直呈现出"投资拉动型"特征，投资是拉动经济增长以及促进产业结构升级的重要原动力。从我国经济运行的现实看，投资已经成为我国经济增长的首要拉动力量，据统计，投资对国内生产总值增长的贡献率始终较高，2004 年、2007 年、2010 年、2012 年、2014 年分别为 61.98%、55.21%、44.69%、46.59%、45.9%。从投资主体的所有制形式看，全社会投资由民间投资、国有投资和外商直接投资（内含港澳台投资）组成。从各组成成分的发展历史看，我国国有投资比重逐步降低，其比重由 1995 年的 54.44% 下降为 2014 年的 24.42%；而民间投资发展快速，其比重由 1995 年的 34.43% 攀升到 2014 年的 71.10%，现已成为全社会投资的主体（见图 1-2）。不言而喻，近年来，民间投资的规模和范围不断扩大，其作用和影响日益显现，已成为推动经济快速增长、扩大劳动力就业以及促进产业结构升级的重要力量。同时，一般认为，民间投资在市场经济环境中较国有投资具有更高的投资效率，国有投资对民间投资也会产生挤出效应，诚然，利用外商投资也有诸多益处，但引进外资只能作为促进短期经济增长与产业结构升级的权宜之计，不能作为一国经济可持续发展的长久之道，因此，只有引导体量巨大的民间投资进入实体经济，尽最大可能地发挥其促进经济增长及产业结构升级的潜力，才能保持中国经济可持续发展。

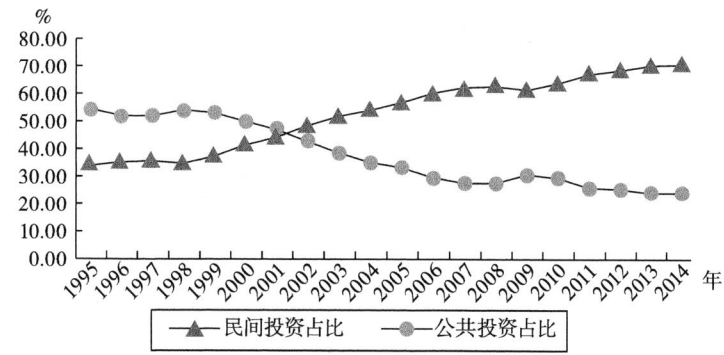

图 1-2 我国民间投资与公共投资占比趋势（1995—2014 年）
资料来源：《中国统计年鉴》（1996—2015），笔者整理而得。

民间投资面临前所未有的政策发展机遇。中国民间资本具有特殊的发展历程，经历了由计划经济时代的"无"到市场经济的"有"且不断发展壮大的路径。民间投资曾长期处于隐蔽状态，面临的体制性、制度性障碍较多，直至 2005 年 2 月，国务院首部以促进非公有制经济发展为主题的中央政府文件《关于鼓励支持和引导个体私营等非公有制经济发展的若干意见》（以下简称"旧 36 条"）发布，民间投资逐步浮出水面，非公有制经济的市场准入条件逐步放宽。虽然这部肯定民间投资地位的"旧 36 条"文件得以发布，但现实中民间投资依然面临较多的"玻璃门"与"弹簧门"，民间投资进入相关行业面临垄断壁垒与较高准入门槛，民间投资发展还是受到较大限制。2010 年 5 月，国务院再次发布促进民间投资发展的文件《关于鼓励和引导民间投资健康发展的若干意见》（以下简称"新 36 条"），文件进一步拓宽了民间投资的投资范围，积极鼓励民间投资进入基础设施产业、金融产业等六大领域，并明确指出鼓励民营企业加强自主创新和转型升级，引导民营企业进入战略性新兴产业；此后，国家发展和改革委员会、财政部、税务总局也先后出台了支持民间资本健康发展的优惠政策，鼓励民资进入战略新兴产业、垄断性行业等；六部委又出台文件，鼓励和引导民间资本进入银行、证券、交通、卫生、铁路等领域，鼓励民间资本与国企积极对接等；同时，党的十八届三中全会明确指出，要发挥市场在资源配置中的决定性作用,积极鼓励支持并引导民营经济发展,不断激发民营经济的发展活力以及创造力。可见,一系列纲领性文件、实施细则以及国家战略导向为民间投资发展创造了良好的政策环境。可以预期,随着中国经济体制改革的深入以及市场化程度的提高,民间投资必将逐步成为市场的主体,也将占据各个经济领域,成为促进产业结构升级的主要力量。

当前中国政府在大力推进经济体制改革,积极鼓励民间投资发展,并主动引导民间投资进入有利于产业结构升级的新兴战略产业、高技术产业以及高附加值产业等领域,这与中国经济结构调整、产业结构升级以及转变经济发展方式的战略方向是相契合的。因此,本书正是在此背景下分析中国民间投资的运行特征以及产业结构的演进路径轨迹,研究民间投资与产业结构升级的内在逻辑关系,探明民间投资对产业结构升级影响的传导机理、结构效应与综合效应,并设计促进民间投资发展与产业结构升级的实施路径和长效机制,以期对我国制定相关民间投资和产业结构升级政策有所裨益。

1.2 研究目的和意义

1.2.1 研究目的

随着 2005 年"旧 36 条"与 2010 年"新 36 条"的顺序发布,民间投资规模迅速发展壮大,已经成为当前全社会投资的主体,同时,深化经济体制改革、促进产业结构升级是目前我国经济发展的主要目标,那么民间投资和产业结构升级的关系到底如何?民间投资是否推动了我国的产业结构升级?因此,本书正是在这样的理论问题导向下剖析民间投资的运行特征以及产业结构演进路径,深入研究民间投资对产业结构升级影响的传导机理、结构效应与综合效应,并在相关研究结论的基础上提出促进民间投资推动产业结构升级的政策建议,以期为我国相关政策制定提供理论依据与实践参考。

1.2.2 研究意义

产业结构升级是当前中国经济发展的迫切要求,民间投资也是中国未来经济可持续发展的不二选择。在此背景下,本书剖析民间投资与产业结构升级的运行特征,探明民间投资对产业结构升级影响的机理,深入研究民间投资的产业结构升级效应,具有重要的理论意义和现实意义。

(1) 理论意义

现有研究成果通常把民间投资与产业结构升级作为两个独立的事物分别进行研究,缺乏对民间投资影响产业结构升级的交叉研究。本书在剖析民间投资运行特征以及产业结构升级演进轨迹的基础上,进一步研究民间投资影响产业结构升级的结构效应以及综合效应,这无疑丰富了现有文献,弥补了该领域的相关空白,具有一定的理论意义。从本书研究视角看,本书基于投入—产出—效率的逻辑分析范式,从理论上揭示了民间投资对产业结构升级的影响机理和结构效应。在探讨民间投资影响产业结构升级制度基础的基础上,数理推演了民间投资对产业结构升级影响的作用机制。尽管已有一些文献论述了民间投资对产业结构升级的影响,但是并未构建一个系统的理论分析框架,亦未形成基于投入—产出—效率的逻辑分析范式剖析民间投资影响产业结构升级的结构效应。因此,本书从理论上廓清了民间投资对产业结构升级影响的传导机理与结构效应,填补了现有研究的缺陷。另外,对于产业结构升级的认识方面,本书的创新在于如下方面。现有文献多基于单指标对产业结构升级进行衡量,如三次产业结构(常用的是产业合理化指标以及产业高级化指标等)、全要素生产率等,这些单一指标往往只能刻画产业结构升级的某一个方面,很难全面刻画产业结构升级的深刻内涵,更不能反映当前我国产业结构升级内在包含的劳动力就业、技术创新以及能源能耗等深层次的内容。在民间投资作用于产业结构升级的过程中,笔者认为应持动态视角进行分析,必须综合考虑随时间变化的新的环境变化情形。因此,本书在全面梳理当前我国新常态下产业结构升级衡量指标的基础上,建立了客观、全面反映产业结构升级的指标体系，并利用主成分分析、因子分析等方法构建了产业结构升级综合指数。并在此基础上，研究民间投资对产业结构升级影响的综合效应，拓展了民间投资影响产业结构升级的深度和广度。

（2）现实意义

研究民间投资的产业结构升级效应还具有重要的现实意义。第一，有利于客观认识我国民间投资运行特征以及产业结构升级演进轨迹。本书从总量发展特征、结构变化的多维度以及动态运行视角剖析了我国民间投资的运行特征，并从要素劳动力水平、产出水平以及效率水平三个视角深入分析了我国产业结构升级演进过程，可见，这些研究有利于相关政府部门客观、正确地认识民间投资与产业结构升级的现实情形，为其作出科学政策提供依据。第二，有助于深刻理解民间投资推动产业结构升级的作用机理。当前，加快产业结构升级已成为中国经济可持续发展的迫切要求，因此，深入研究民间投资对产业结构升级的影响，探明民间投资对产业结构升级影响的传导渠道，对于如何引导民间投资推动产业结构升级具有较强的现实启示意义。第三，为国家出台相关民间投资与产业结构方面的政策提供决策依据。从研究结论来看，本书研究发现，民间投资产业结构升级的结构效应客观存在，因此，在引导民间投资促进劳动力产业间转移、产业产出结构优化以及效率提升方面应采取针对性、差别化的政策，如此才能充分发挥民间投资的产业结构升级效应；同时，民间投资对产业结构升级的影响（包括结构效应与综合效应）具有显著的区域性差异，因此，地方政府在出台相关民间投资推动产业结构升级的政策时应因地制宜，结合自身实际制定与本区域相匹配的经济产业政策。

1.3　研究对象界定

1.3.1　民间投资

民间投资可以直译为"来自民间的投资"，是一个具有中国特色的概念。20世纪80年代以前，我国实行完全由政府配置资源的计划经济体制，基本不存在民营经济,全部是公有制经济,民间投资更是无从谈起;20世纪80年代以后,我国逐步开始实行经济体制改革,计划经济体制不断被削弱,逐渐过渡到社会主义市场经济体制,即"公有制为主体,多种所有制经济共同发展"。由此私人开始办企业建工厂,民营经济得以发展,相应地,民间投资出现并快速发展壮大,可见,我国民间投资诞生于改革开放经济体制转轨时期,在社会主义市场经济体制下得以生存发展。西方经济理论中,不存在民间投资的概念,从内涵上看,与"私人投资"词汇相对应,西方国家大多数实行生产资料私有制的市场经济体制,政府公共投资只有目的在于宏观调控以及投向公共品的很小部分,全社会总投资基本与私人投资相一致,因而西方国家中的私人投资、全社会总投资与民间投资基本一致,学界对于西方资本主义国家的民间投资也较少关注,相关文献较少。

一般来说,广义的民间投资是指居民、个体工商企业和民营企业等利用自有资本及借入资本以独资、合伙制、股份制及混合所有制形式从事现代农业、工商业、服务业、文化教育产业、交通运输业、医疗卫生业等实体经济活动,以及参与货币市场、资本市场、黄金外汇市场等金融市场的金融投资活动。狭义的民间投资仅指民间固定资产投资,具体包括居民个人、个体工商企业以及民营企业等非国有经济主体的投资。目前理论界对于民间投资的概念界定也并不统一,大致可以归为两种观点:其一是按投资资金的来源角度区分民间投资;其二是从投资主体的角度区分民间投资。第一种观点认为国家预算内资金即政府投资,国内贷款、外资以及自筹和其他资金则为民间投资。第二种观点则认为投资主体在投资活动中具有重要作用,应按投资主体区分民间投资;本书认为第二种观点按照投资主体划分政府投资、民间投资等比较符合逻辑,此处续用这种观点。一方面,项目的投资决策、投资风险控制方案等都是由投资主体决定的;另一方面,第一种观点明显存在自相矛盾之处,将国家预算内资金划为政府投资,将国内贷款归为民间投资明显不符合实际,因为很显然民间投资也可以来源于预算内资金,且政府投资也可以来源于国内贷款。关于民间投资具体涵盖的范围内，国内学界存在不同观点，有的学者认为民间投资是除政府作为主体之外的其他任何主体的投资活动；有的学者认为民间投资与国有投资是一对相对应的概念，即非国有企业为主体的投资是民间投资；还有学者认为，民间投资与公有制经济投资是一对相对应的概念，即非公有制经济为主体的投资是民间投资，这里值得说明的是，该观点认为集体经济投资不属于民间投资，民间投资与私人投资完全一致。在统计范畴上，国内学者的处理方法也没有统一，大部分学者认为民间投资是非国有企业为主体的投资扣除港澳台投资以及外商投资剩余的部分，具体包括集体经济、个体经济、私营经济、联营经济、股份制经济及其他经济等各投资主体所进行的投资活动[1][2][3][4]［如汲凤翔（2002）、于谨凯和单春红（2004）、吕明元（2003）、王晓歌（2004）］；有学者认为民间投资为扣除国有经济之后的非国有经济的投资部分，即民间投资包括港澳台投资以及外商投资[5][6][7]［如李启明（2002）、刘昱（2005）、李慧（2010）］；还有学者仅把个体经济投资、私营经济投资看作民间投资[8]［如刘伟（2009）］。

综合以上分析，本书认为就中国的经济体制实际而言，民间投资应是特指中国内地的民间投资，与国有经济投资、外商投资是相对应的概念；同时，民间投资的涉及面非常广，不仅包括居民、个体工商企业和民营企业等以合伙制、股份制及混合所有制形式从事现代农业、工商业等实体经济的投资活动，还包括参与货币市场、资本市场、黄金外汇市场等金融市场的金融投资活动。可见，直接对其进行全部统计往往不能尽全，利用倒挤法进行统计则更加清晰、明确；在具体统计范畴上，本书沿用学界大多数学者所采用的统计方法，民间投资等于全社会总投资减去国有经济投资与外商投资，其中外商投资包括港澳台经济投资与外商经济投资；从包含的内容看，民间投资具体包括个体经济投资、私营经济投资、联营经济投资、股份制经济投资、集体经济投资和其他经济投资。

1.3.2 产业结构

理论上,产业结构是指经济体中各产业之间以及产业内部的相互联系,这种一般包括产值比例关系、技术关联关系等。从现代经济发展角度看,产业结构是指第一产业、第二产业以及第三产业之间的比例结构关系,其中,第一产业主要是指传统农业行业,第二产业主要包括工业和建筑行业,第三产业则包括除第一产业、第二产业以外的服务行业。三次产业的构成比例是指各个产业产值占国民生产总值的比例,根据产业结构演进的一般规律,随着经济发展水平的提高,产业结构会由以第一产业(农业)为主的低层级向以第二产业以及第三产业为主的高层级不断演进。然而,随着现代经济的突飞猛进,各产业的发展也不是孤立的,而是存在相互联系、相互促进以及相互竞争的关系,俨然成为一个有机的共同体,因此,各产业发展水平的层次高低也不仅由产业自身发展情形的单一因素所决定,还应综合考虑由产业发展而引起的环境正负效应以及社会就业效应等。所谓环境效应,是指产业发展对人类赖以生存的自然环境所带来的正面或负面影响,社会效应主要是指产业发展所带来的社会就业、劳动力转移等社会效应,比如煤炭行业的发展可能强力带动了区域经济增长和社会就业,但同时它带来了严重的环境污染等负面环境效应。

由上述可知,从量的角度说,产业结构是指国民经济中各产业之间以及各产业内部的比例关系,这层比例关系不仅包括三次产业的比例结构,还包括三次产业的劳动力结构、行业产品结构以及产业内部结构;从质的角度说,产业结构是指各产业技术水平及效率的分布状态,可以从产业的资源消耗高低、高新技术产品产值占该产业比例等方面进行刻画认识。

1.3.3 产业结构升级

目前,学术界对于衡量产业结构升级的标准并不统一,诸多文献以产业结构合理化或者产业结构高度化来代表产业结构升级,其中产业结构高度化是指经济体产业结构发展路径应由第一产业占绝对优势的产业结构向由第二产业和第三产业占主体的产业结构不断演进发展,现有大多数文献对于产业结构高度化的衡量以第三产业产值占国内生产总值的比例指标作为代理变量;至于产业结构合理化的研究重点是三次产业之间关系的优化调整,文献中多以第二产业以及第三产业产值之和占国内生产总值比值表示。显然现有文献对于产业结构升级的认识并不全面科学,理论上,产业结构升级是指三次产业在国内生产总值的比例结构以及各产业劳动力结构不断向更高层次演进,产业间表现为协调发展,同时产业素质与经济运行效率水平不断提升;事实上,产业结构升级不是一个绝对的概念,而是个相对的概念,即只有符合具体经济体发展模式并最有利于其发展的产业结构才是最佳的产业结构,只要当前产业结构正向标准的产业结构发展演进,便谓之产业结构升级。可见,最佳产业结构并不是一成不变的,它是随着经济系统的发展变化不断动态调整的。具体来说,产业结构升级其实是依靠技术创新或者制度变革使得产业结构与经济发展模式契合度越来越高,产业结构越来越趋于合理与协调,即不断促使产业结构最大限度地逼近最佳产业结构,最终实现产业结构合理化和高级化的相统一。

产业结构与经济发展模式协调合理的具体表征内容方面,现有研究认为产业结构升级包括两方面的内容:一方面是产业结构的改善,即产业的协调发展,更加符合具体经济发展模式;另一方面是产业素质与效率的不断提升,提升的渠道主要有技术创新、生产要素组合优化、资源能耗降低等方面。本书认为,产业结构升级其实是上述两方面相互配合、不断推动产业结构高度化与产业结构合理化的过程,当然,这里的高度化不仅包含产业数量结构的比例变化,也包含产业效率的提高;同样,这里的合理化更多强调的是产业间的协调关系更符合当地经济发展模式。可见,运用单一指标很难全面、系统地刻画产业结构升级的内涵。同时,长期以来,我国经济是政府主导下的粗放型经济增长方式,经济快速增长的同时也消耗了大量资源,产业结构问题凸显,产业结构亟须由粗放型的高能耗向集约型的低能耗转变,因此,当前我国的产业结构升级不仅包括了产业产值结构、劳动力结构等方面的内容,还应具有资源能耗、技术水平等方面更加丰富的内涵。

在此沿用"投入—产出—效率"产业经济学的分析逻辑，剖析产业结构升级的深刻内涵。根据配第—克拉克定理，从要素投入角度看，产业结构升级表现为要素劳动力的流动，即从低层次产业向高层次产业流动，Kaldor（1961）和 Kuznels（1993）也认为研究产业结构升级最直接的办法就是分析劳动力从农业（第一产业）向工业（第二产业）转移，再向服务业（第三产业）转移[9][10]，在此谓之以"劳动力水平的产业结构升级"；从产业产出角度看，产业结构升级表现为产业产值结构的改善与协调，即随着经济的发展，第一产业占比会不断降低，第二产业以及第三产业占比不断提高，在此谓之以"产出水平的产业结构升级"；从产业效率提升角度看，产业结构升级表现为产业素质与效率的提升，在此谓之以"效率水平的产业结构升级"。可见，产业结构升级是一个系统的工程，具有内在的结构复杂性、外在表征指标的多样性，具体包括"劳动力水平的产业结构升级""产出水平的产业结构升级"以及"效率水平的产业结构升级"三个子结构。因此，本书在研究民间投资影响产业结构升级的问题时，一方面，从要素劳动力水平、产出水平以及效率水平三个方面系统分析产业结构升级的演进过程，并在此基础上实证分析民间投资对产业结构升级影响的结构效应；另一方面，为探讨民间投资对产业结构升级影响的综合效应，本书从要素劳动力水平、产出水平以及效率水平三个方面设计相关外在表征指标，利用因子分析法构建了我国省际层面的产业结构升级综合指数，并在此基础上实证研究民间投资对产业结构升级影响的综合效应。

1.4 研究方法

本书综合运用经济学、制度经济学、发展经济学、计量经济学等相关前沿理论与科学方法，以中国民间投资与产业结构升级的相互关系为依托，对中国民间投资影响产业结构升级的传导机理、影响效应等问题进行了战略性和前瞻性创新研究。本书的研究方法主要包括文献研究法、规范分析法、计量实证分析法、比较分析法等。根据研究需要，还用到了数学、物理方法等方面的工具方法等。主要的工具方法包括面板数据模型、固定效应模型、随机效应模型、因子分析法、GMM估计法等。具体用到的软件有Eviews6.0、Matlab、Stata、Sas、Spss等。数据来源主要为《中国统计年鉴》《中国科技统计年鉴》《新中国六十年统计资料汇编》《中国人口和就业统计年鉴》、国研网数据库以及部分调查问卷数据等。

第一，文献研究方法。该方法是指利用收集并研读相关现有文献成果的方法对所研究问题进行分析。就本书研究的问题而言，本书将民间投资影响产业结构升级的相关文献进行了收集整理，并加以鉴别，然后进行全面研读，系统地梳理出投资与产业结构升级关系的相关理论研究、民间投资相关研究、产业结构升级相关研究以及民间投资与产业结构升级关系研究等方面的文献成果；通过对上述几方面的研究成果进行评述，分析出当前学术界对民间投资产业结构效应问题的研究进展与不足之处，从而在此基础上提出本书研究的切入点与创新之处，并为本书研究奠定了理论基础。本书所用文献成果以一次论文文献为主，二次论文文献为辅；成果形式大部分是已公开发表的中英文期刊学术论文，还有相当数量的已公开发表或出版的学位论文以及教材图书，这些文献主要来源于CNKI系列数据库、西安交通大学学术信息资源发现平台、ScienceDirect数据库以及JSTOR数据库等。

第二，规范分析方法。经济学作为一门社会科学，应用相关经济理论对现实经济现象进行分析研究，规范研究方法是研究经济学问题中最普遍的研究方法。规范分析方法是一个严谨的逻辑分析框架，包括确定研究对象（概念界定）、分析影响因素以及影响因素与研究对象之间的关系，同时做出相应的理论分析架构。因此，规范研究方法可以增强本书的逻辑性、规范性以及严谨性。本书采用规范分析方法，从制度经济学与结构主义增长理论的角度深入分析了民间投资与产业结构升级之间的理论逻辑关系，并在此基础上，从劳动力水平、产出水平以及效率水平三个方面系统分析了民间投资对产业结构升级影响的结构效应及综合效应。

第三，计量实证分析方法。该方法是运用统计计量方法对所考察变量之间的相关关系进行量化实证分析的方法。采用的方法多为主成分分析、因子分析、线性或非线性计量回归分析、多元回归分析、面板数据模型、时间序列分析等方法。就本书而言，本书在对民间投资产业结构升级效应理论分析的基础上，应用OLS、随机效应以及固定效应等方法实证分析了民间投资产业结构升级结构效应的存在性及区域差异性；并利用因子分析法构建了全面反映产业结构升级的产业结构升级指数，并以此作为被解释变量，利用前沿的GMM计量估计法实证检验了民间投资产业结构升级综合效应的存在性与区域差异性。另外，本书在实证检验过程中还采用了描述性统计、相关性分析以及变系数模型等方法。

第四，比较分析方法。比较分析法又称为对比分析法，是指通过对比分析两个或多个事物，以达到认识事物发展规律或本质的方法。其中对于事物对比分析的形式包括相对总量规模大小、水平高低、速度快慢以及结构变化等。从本书的相关研究看，本书应用比较分析法对比分析了我国东、中、西部民间投资总量发展、结构发展以及运行特征的区域差异性，从而得出了相关创新性结论；同时，本书在实证分析民间投资产业结构升级的结构效应以及综合效应时，也应用了比较分析方法，本书将全国省份的全样本分为东、中、西部三个子样本，分别实证考察了民间投资产业结构升级的结构效应与综合效应的区域差异性，并研究发现了这种区域差异性的客观存在性。

1.5 本书结构及技术路线

1.5.1 本书结构

本书主要由七部分组成。第1章是绪论，着重提出了本书研究主题、研究思路以及研究方法等；第2章对本书研究问题的相关理论与文献成果进行展开综述；第3章在前人文献研究成果的基础上，建立了本书研究问题的理论分析框架；第4章论述了我国民间投资运行特征与产业结构升级演进轨迹；第5章是实证检验我国民间投资对产业结构升级的结构效应；第6章是实证分析我国民间投资影响产业结构升级的综合效应，实证检验了民间投资产业结构升级综合效应的存在性与区域差异性，为确立民间投资与产业结构升级良性发展的关系奠定了实证基础；第 7 章为主要结论与政策建议。具体来说，各章内容如下：

第 1 章为绪论。本章主要介绍了本书的研究背景、研究目的和研究意义，对相关研究对象进行了理论界定，同时，阐述了本书的主要研究方法、本书结构以及技术路线。

第 2 章为理论回顾与文献综述。本章首先回顾了民间投资与产业结构升级的相关理论，具体包括投资和经济增长理论以及投资与产业结构升级理论，论述了学术界经典的产业结构演进理论等；其次，在理论回顾的基础上，对国内外学界关于民间投资与产业结构升级关系的相关研究进行综述；最后基于现有研究成果进行文献述评，论述了现有理论分析和实证研究中存在的不足，提出本书的研究视角，指明本书研究的方向。

第 3 章为我国民间投资产业结构升级效应的理论分析框架。首先，从制度经济学视角论述了我国民间投资影响产业结构升级的逻辑制度基础，包括基本经济制度与市场经济体制。其次，分析了我国民间投资的发展演变事实、进入壁垒以及功能作用。再次，就民间投资影响产业结构升级的作用机制问题，利用数理推演法，基于单双两部门两个视角进行了论证。又次，着重分析了民间投资产业结构升级的影响效应，即结构效应以及综合效应。最后，提出并设计了本书研究问题的理论假设、研究程序以及理论分析框架。

第 4 章为我国民间投资运行特征与产业结构升级演进轨迹。本章首先对我国民间投资的总量发展特征、结构变化特征以及其自身的运行特征进行了深入剖析；其次，从要素劳动力水平、产出水平以及效率水平三个视角分析了我国产业结构的演进轨迹事实；最后，论述了我国民间投资产业分布的特定事实，分析了民间投资产业分布，并在此基础上研究了民间投资产业结构的特征。

第 5 章为民间投资影响产业结构升级的结构效应实证分析。本章在对前文民间投资影响产业结构升级的结构效应理论分析的基础上，着重分析了民间投资对劳动力水平、产出水平以及效率水平产业结构升级效应的经验事实。并在此基础上，通过建立多元回归计量模型，采用随机效应与固定效应面板数据模型估计、OLS 估计等方法，对民间投资对产业结构升级结构效应的存在性和区域差异性进行了实证检验。

第 6 章为民间投资影响产业结构升级的综合效应实证分析。本章首先对民间投资产业结构升级的综合效应进行了理论逻辑分析，着重分析了民间投资影响产业结构升级的传导机理，并在此基础上提出本章重点实证部分的研究假说。其次，从劳动力水平、产出水平以及效率水平三个视角全面、科学地设计相关衡量指标，建立系统全面反映产业结构升级的指标体系，并利用统计学上的因子分析法（内含主成分法）构建了产业结构升级综合指数。最后，通过建立面板计量模型，运用动态 GMM 法（包括差分 GMM 与系统 GMM）对民间投资产业结构升级综合效应的存在性和区域差异性进行了实证检验。

第 7 章为政策建议。提出了民间投资推动产业结构升级的实施路径选择，包括坚持"政府引导＋市场驱动"模式、因地制宜地制定产业结构升级目标与民间投资政策以及建立区域民间投资聚集区；并设计了促进民间投资推动产业结构升级的长效机制，即建立"民资、民用、民管"的内生性投融资运行机制、健全多层次民间投资市场体系以及构建"四位一体"的风险防范机制等。

1.5.2 技术路线

本书严格遵循经济学一般逻辑分析框架进行分析研究，即沿着"提出问题—分析问题—解决问题"的理论分析框架展开。在本书具体研究的实施过程中，按照"文献综述—理论分析—实证分析—结论建议"的研究思路对本书进行有序研究。具体而言，本书在对相关民间投资产业结构升级效应的现有文献进行系统梳理和总结归纳的基础上，构建了民间投资影响产业结构升级的理论分析框架，并着重剖析了民间投资影响产业结构升级的中介传导机理、结构效应以及综合效应；然后分析了民间投资运行特征与产业结构升级演变轨迹;同时,以省级面板数据为样本,实证考察了民间投资对产业结构升级影响的结构效应,并基于因子分析法构建了产业结构升级综合指数,利用动态 GMM 估计法实证检验了民间投资影响产业结构升级的综合效应;最后,根据理论分析和实证结论,提出了相关政策建议。

本书的研究思路及技术路线如图 1-3 所示。

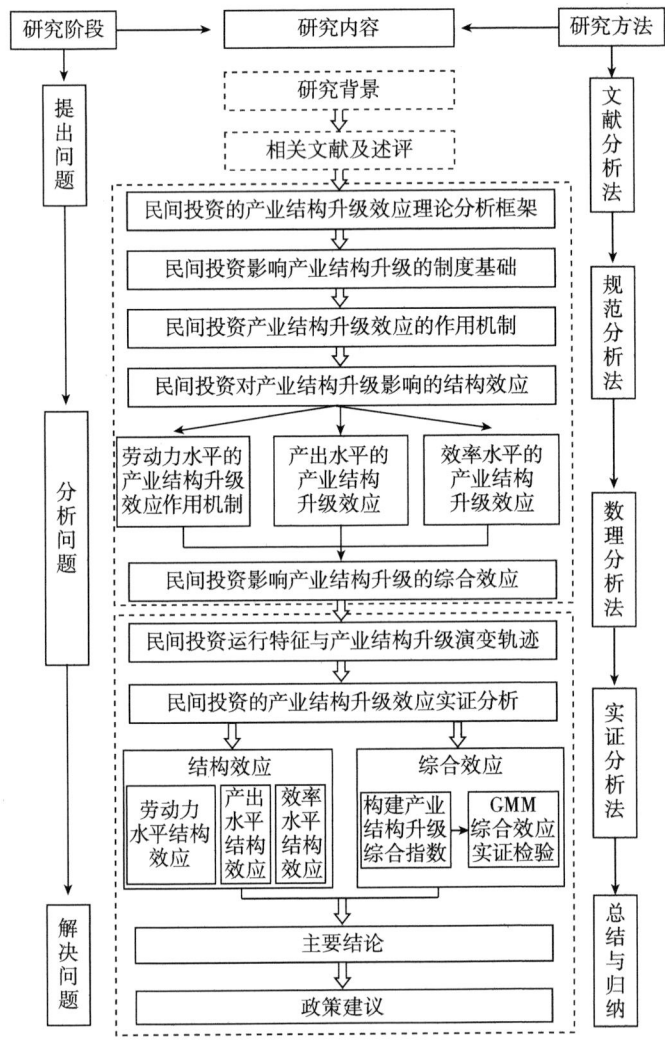

图 1-3 本书的技术路线

1.6 本书的主要观点与贡献

本书紧紧围绕"中国民间投资的产业结构效应"主题，利用多种分析方法展开研究，从理论论证到实证检验，得出了诸多兼具理论价值与实践价值的研究结论，就本书的创新之处而言，主要有以下三个方面：

（1）构建了民间投资影响产业结构升级的理论分析框架。第一，在对我国民间投资影响产业结构升级的制度基础论述的基础上，深入分析了我国民间投资的发展演变事实，并基于柯布—道格拉斯生产函数论证了民间投资主要进入壁垒因素，表明民间投资的进入成本与行业垄断程度因素对经济增长率具有负向作用，而民间投资研发投入比例与经济增长具有正向相关性。第二，基于单部门与双部门两个视角，依据结构主义增长理论数理论证了民间投资对产业结构升级影响的作用机制。研究发现，民间私人部门主要通过直接效应与间接外溢效两个途径作用于产业结构升级。第三，揭示了民间投资对产业结构升级影响的结构效应。其一，民间投资主要通过创造效应与经济集聚效应促进劳动力水平产业结构优化；其二，民间投资影响产出水平产业结构升级的途径有需求效应、资本积累效应以及产业关联效应；其三，民间投资通过资本积累和技术创新作用渠道促进产业技术进步和产品创新，进而促进效率水平产业结构升级。第四，提出了民间投资影响产业结构升级的综合效应。事实上，民间投资与劳动力水平、产出水平以及效率水平产业结构升级三个子结构效应之间是一种相互依存、相互补充的关系，综合三种子结构效应，即民间投资对产业结构升级的综合效应。

（2）揭示了民间投资的动态运行特征以及民间投资影响产业结构升级的结构效应。基于民间投资数据函数性特点，在绘制各地区 1995—2014 民间投资额 B-Spline 数据修匀图的基础上，绘制一阶导函数与二阶导函数的相平面图。研究发现，我国全国及东、中、西部民间投资的动能总体上均呈不断上升趋势，势能均有所波动，但近期全国及东、中、西部动能势能均呈下降趋势。同时，以我国 1995—2014 年省际面板数据为研究样本，采用混合效应模型（OLS）、变系数模型等计量方法实证检验了民间投资影响产业结构升级的结构效应存在性与区域差异性。研究发现，第一，民间投资的劳动力水平产业结构升级效应客观存在，且该效应存在区域差异性，即东、中部地区劳动力水平产业结构升级效应存在，且东部地区的劳动力水平产业结构升级效应大于中部地区劳动力水平产业结构升级效应，但西部地区民间投资并未引起其劳动力水平的产业结构升级效应；第二，民间投资充分发挥了产出水平产业结构升级效应，该效应在样本期内客观存在，且发现该效应存在显著的区域差异性，即该效应在东部区域最大，中部次之，西部最小；第三，民间投资的效率水平产业结构升级效应存在，且存在区域差异性，即该效应在东部区域最大，中部次之，西部最小，但西部区域该效应并不具统计上的显著性。

（3）分析了民间投资影响产业结构升级的综合效应。在深入分析民间投资影响产业结构升级的理论机制的基础上，提出民间投资产业结构升级综合效应的研究假设。从劳动力水平、产出水平以及效率水平三个方面设计诸多反映产业结构升级的指标，建立全面系统反映产业结构升级的综合指标体系，并利用统计学上的因子分析法构建了产业结构升级综合指数。以 1995—2013 年我国 30 省份作为研究样本，以构建的产业结构升级综合指数作为产业结构升级的衡量变量，并利用动态 Diff – GMM、SYS – GMM 等方法实证检验了民间投资产业结构升级综合效应的存在与否以及该综合效应区域差异性的情形。研究发现，民间投资的产业结构升级综合效应客观存在，且公共投资对民间投资具有明显的挤出效应，同时发现，民间投资的产业结构升级效应在不同区域存在差异，其中，东部区域最大，中部次之，西部最小。

2 理论回顾与文献综述

2.1 理论回顾

2.1.1 投资与经济增长相关理论

理论界有关投资与经济增长相关理论非常丰富,在此以投资与经济增长相关理论的历史发展脉络为主线,着重对早期经济增长理论、投资乘数与加速数理论、哈罗德—多马模型、新古典经济增长理论以及新增长理论进行梳理回顾。

(1) 早期经济增长理论。这一时期比较有代表性的人物有亚当·斯密、李嘉图。亚当·斯密的《国民财富的性质和原因的研究》是经济增长理论的源头,他认为,从宏观上讲,任何经济体的经济增长无外乎两条路径:其一是增加经济系统中的劳动者数量;其二是提高劳动者技术或熟练程度[11]。可见,亚当·斯密认为劳动力是影响经济增长的主要因素,应当说在当时经济发展水平低下的年代,该理论对当时经济现象具有一定的解释力。李嘉图与亚当·斯密一脉相承,他在亚当·斯密经济思想的基础上更进一步,首次提出了国民生产的基本要素有土地、劳动以及资本,认为资本是经济增长的动力,资本的不断积累可以促进技术进步,从而可以提高整个社会的生产效率[12]。

(2) 投资乘数与加速数理论。该理论是最早分析投资与经济增长相互作用的理论。投资乘数是指投资初始规模地增加会引起国内生产总值成倍地增加。投资乘数的概念最初是由英国经济学家卡恩在1931年提出的[13],

后来被著名的经济学家凯恩斯进一步发展。凯恩斯认为社会经济系统中，在存在闲置生产能力的前提下，投资乘数取决于生产能力的增长速度与投资增长速度的对比关系，若前者大于后者，则投资乘数发挥作用；若前者小于后者，代表投资增长速度过快，则投资乘数的效应将会变小，甚至不存在[14]。投资乘数的基本模型为：

$$\Delta Y = \frac{1}{1-c}\Delta I \qquad (2-1)$$

其中，ΔY 为国内生产总值的绝对增量，c 为边际消费倾向（$0<c<1$），ΔI 为投资的绝对增量。

加速数理论主要是研究产出对投资带来的影响。主要内容是产出的增减变化引起投资增减变化的情形。模型如下：

$$I_i = K_i - K_{i-1} = \alpha(Y_i - Y_{i-1}) \qquad (2-2)$$

其中，α 为加速系数。

自此之后，美国经济学家汉森和萨缪尔森在前述理论的基础上，又提出了加速数原理[15]。投资的增加在投资乘数的作用下，产出会得以更大增加，根据加速数原理，产出增加后，又会促进投资加倍增加，如此反复作用，使得经济不断增长。但是，由于资源的稀缺性及消费的有限性，总产出不会一直增加，在加速数作用下会导致投资减少，进而再通过投资乘数的作用，总产出进一步下降，从而经济发展速度减缓。其后，消费投资又会内生地逐步增加，导致产出再次增加，经济转向繁荣。由上述分析可以看出，在投资乘数和加速数的共同作用下，经济会经历一个由繁荣到萧条，再由萧条到繁荣的周期，同时也必然伴随着产业规模与结构的升降变化。

（3）哈罗德—多马模型。该模型是由哈罗德和多马两位学者提出，该学说认为投资具有两重性，即可从供给和需求两个方面促进经济的增长，在需求方面能够创造收入，在供给方面能够增加资本存量，提高生产能力[16]。哈罗德—多马模型的主要逻辑链条是：资本的增加导致产出的增加，产出的增加导致收入的增加，而收入的增加反过来必须保证资本的初始增加,因此,哈罗德提出了"有保证的增长率"的概念,即必须有足以保证不断增加的资本存量所需要的收入增长率,多马称之为"充分能力增长率"。在此基础上,哈罗德提出了著名的"不稳定原理":若收入的实际增长率与有保证的增长率不相等,出现偏差,那么经济自身不能自我修正,反而会使偏差不断增大。模型假设是资本与产出比固定不变,假设国民收入是投资(增量)的函数,生产能力是资本存量的函数,模型的基本公式如下:

$$\gamma = \frac{s}{\theta} \qquad (2-3)$$

其中,γ 为经济增长率,s 为储蓄率,θ 为资本产出比。

因此,若一国或地区的投资增加,那么资本存量就会增加,从而国民收入增加,由于模型假设资本与产出比不变,因此可知边际资本—产出比等于资本—产出比。由而可知,若投资的增加速度快于国民收入的增长速度,那么资本—产出比会提高,经济的增长率会下降;若投资的增加速度慢于国民收入的增长速度,那么资本—产出比会降低,经济的增长率会上升。

(4)新古典经济增长理论。20世纪50年代中后期,索洛与斯旺等建立了新古典经济增长模型,该理论的主要贡献是将技术进步作为经济增长的源泉,并更加强调技术对经济增长的重要作用。该理论认为经济增长有两个源泉:一是劳动、资本等要素数量的增加;二是因劳动、资本要素的技术水平提高所导致的经济增长,并且索洛用水平效应来命名由此引起的经济增长。索洛模型的核心思想是经济增长率为劳动力增长率与资本增长率两者的加权平均之和,并以生产要素资本和劳动的产出弹性为权重[17]。索洛(1957)运用 Cobb – Douglas 生产函数,基于规模报酬不变的假定,对美国希克斯中性技术进步进行了计量测算。索洛模型的核心公式如下:

$$\Delta K = sy - (n+\sigma)k \qquad (2-4)$$

其中,ΔK 为人均资本增加量,s 为储蓄率,y 为人均产出,n 为劳动力增长率,σ 为固定资产的折旧率,k 为人均资本。公式的含义为人均资本的增加等于人均储蓄减去 $(n+\sigma)k$。经济意义为人均储蓄一是要满足劳动力增加对资本的需求,二是要满足更新换代旧的固定资产的需要。索洛称人均储蓄用于 $(n+\sigma)k$ 项的部分为资本的广化,若 $\Delta K>0$,则超过 $(n+\sigma)k$ 项的部分称为资本的深化。一般来说,若一经济体处于平衡增长路径上,那么 $\Delta K=0$,也就是:$sy=(n+\sigma)k$,这便是索洛模型的稳态条件。

可见,新古典经济增长理论的学者认为假定技术进步外生,在平衡增长路径上,人均资本的增加只能引起资本的广化,而不会引起资本的深化,而由资本的广化所导致的人均产出增加被称为水平效应。因此,可以说,假定在平衡增长路径上,投资的增加使人均资本增加,引起资本的广化,进而使人均产出的增加,这仅表现为经济增长的水平效应。

(5) 新增长理论。新增长理论是对新古典经济增长理论的发展,该理论认为内生因素决定了经济的长期增长率,把人力资本内生于劳动力因素中,把技术进步等内生于物质资本中。与新古典经济增长理论把技术进步作为外生变量纳入生产函数得出要素收益会出现递减而长期经济增长会停滞的结论相反,新增长理论把人力资本、技术进步等内生化,把它们作为内生因素纳入生产函数得出了要素收益递增与长期经济增长率为正的结论。其实,新增长理论的学者们均是在新古典经济增长理论的基础上,从不同视角将不同的因素从"索洛余值"中分离开来,并将其内生化,建立增长模型,从而解释影响因素与经济增长的关系。新增长理论的发展使众多学者突破了新古典经济增长理论框架,开始意识到对经济增长的研究最重要的是研究其决定性因素,研究重心由外生变量转变为内生变量,即将人力资本、科技发展等要素进行了内生化,提高知识、技术在经济增长中的重视程度,因此,可以说新增长理论学派形成了自身科学合理的逻辑分析框架。

2.1.2 产业结构演进理论

产业结构演进的含义一般包括产业结构从低层次向高层次发展和产业内部结构的调整升级两个方面。总体上看,产业结构演进理论是随着人类社会的发展而不断更新发展,它由众多理论共同组成。其中,比较经典的产业结构演进理论主要有如下几个。

威廉—配第产业结构演进理论与配第—克拉克定理。应该说,威廉—配第的产业结构演进理论是产业结构演进理论领域的鼻祖,威廉—配第将国民经济划分为农业部门、工业部门和商业部门,三个部门的收入与产品附加值存在较大差异。一般来说,商业部门的收入与附加值大于工业部门,而工业部门又要大于农业部门,因此,劳动力等生产要素会从低级的农业部门向更高级的工业部门以及商业部门流动[18]。配第—克拉克定理是威廉—配第产业结构演进理论的深入与发展。1940年,英国经济学家克拉克将国民经济划分为农业、工业和制造业、剩余的经济成分三部分,并分别命名为第一产业、第二产业、第三产业,他以40多个国家和地区为研究样本,研究发现,随着社会经济的发展以及人均国民收入水平的提高,三次产业的收入与附加值会存在显著差异,要素劳动力会由第一产业顺序向第二产业以及第三产业的转移演进,学界又称之为劳动力转移定律[19]。同时,克拉克认为除了各产业国民收入差异对劳动力转移定律有影响外,社会总需求也对劳动力转移定律有影响,主要表现为随着经济的发展,人们对第一产业产品的需求会减少,对第二产业和第三产业的需求会增加,由此促进第二产业和第三产业的发展,使其吸收更多的劳动力要素。因此,克拉克认为社会总需求也是影响劳动力在三次产业之间转移的因素之一。

库兹涅茨法则与钱纳里标准结构。美国学者库兹涅茨通过收集大量面板数据与时间序列数据,分析了农业部门、工业部门以及服务业部门等三部门收入和劳动力流动规律,结果发现,农业的收入和劳动力会随着经济的发展而呈下降趋势;工业与农业的发展方向相反,会随着经济的增长而增加,但幅度不大,其劳动力总体固定,偶尔呈上升的波动;服务业与经济发展的方向同步,且有小幅的上涨,与此同时,其劳动力人数呈大幅的上涨[20]。钱纳里标准结构是库兹涅茨法则的深入发展,钱纳里标准结构的主要内容是,随着国民经济的发展,人们的收入会逐渐增加,产业结构会发生有规律的演变,即随着国民经济的增长,工业部门比重会迅速增加,服务业部门比重会缓慢上升，而农业部门呈现相反趋势，随着经济的增长而缓慢下降。

霍夫曼法则。霍夫曼与克拉克和库兹涅茨等的研究内容与角度不同，他针对产业内部优化升级的问题进行研究，基于20多个国家工业产业中相关消费品工业和资本品工业的大量数据，构建了霍夫曼比率：霍夫曼比率＝消费品工业净产值/资本品工业净产值。其中，分子代表消费品工业的发展，分母代表资本品工业的发展。根据霍夫曼比率的不同，可以将工业产业内部升级划分为以下四个阶段，基本揭示了工业部门的内部演进规律。第一阶段，霍夫曼比率远大于1，即消费品工业更核心，发展较快；第二阶段，霍夫曼比率接近于1，消费品工业的核心位置逐步减小，资本品工业开始增长，此阶段消费品工业净产值仍一直高于资本品工业的净产值，但是二者的值基本接近；第三阶段，霍夫曼比率等于1，消费品工业与资本品工业发展均衡，对消费品和资本品没有明显的区分；第四阶段，霍夫曼比率小于1，资本品工业处于核心位置，资本品工业的净产值远远高于消费品工业净产值，资本品工业占绝对优势，国民经济实现工业化。值得说明的是，霍夫曼比率的合理性有待商榷，众多学者认为这一比率并不适合衡量发达国家的工业发展情况，仅适合衡量处于初级工业阶段的发展中国家。

2.1.3 投资与产业结构升级理论

有关投资与产业结构升级方面的理论主要有二元结构转变理论、不平衡增长理论以及两基准理论等。

二元结构转变理论。早在20世纪50年代，美国著名经济学家刘易斯指出，发展中国家生产资料供给结构为劳动力充足而资本不足，从而导致劳动力成本相对低廉，劳动力的流动性又使得其可以在产业部门之间相互流动，且流动成本较低。同时，劳动力总是向边际生产率高的产业部门流动，当工业部门的边际生产率高于农业部门时，在利益的驱使下，劳动力会自发流向工业部门，这将导致工业部门的劳动力成本增加，而农业部门的劳动力减少。当这一进程演进到一定程度时,工业部门的劳动力成本将比农业部门的大,这将使得工业部门的边际生产率降低,劳动力又向农业部门回流。如此往复,最终将达到一个动态均衡状态,即农业部门和工业部门的边际生产率相等,这便是劳动力转移规律[21]。因此,他还提出发展中国家应基于自身的资源优势优先发展新兴产业,并考虑国民经济各产业的协同均衡发展。

不平衡增长理论。该理论是美国经济学家赫希曼在《经济发展战略》中提出的,他发现,由于发展中国家国民经济水平较低、资源不充足,难以使各个产业得到均衡的发展,因此,辐射能力强的产业会得到优先发展,且这些产业主要处于产业链中游,在关联效应作用下,这些产业的发展可以拉动下游产业发展并推动上游产业发展,最终实现国民经济整体均衡发展。赫希曼的不平衡增长理论不仅是发展经济学的基础理论,而且很好地指导了发展中国家的经济实践,在理论界和实践界均具有较大影响力[22]。

两基准理论。20世纪70年代,日本经济学家筱原三代平提出应该以收入弹性基准和生产力基准为原则选择发展哪些重点产业。其中,收入弹性基准是指在经济发展进程中,为了促进经济增长、提高国民收入,应优先投资收入弹性大的产业;生产率基准是指在国家或地区经济发展中,应将有限的资源投入生产率高的产业中,从而提高这些行业的经济规模并带动整体经济发展[23]。两基准理论为国民经济发展重点指明了投资方向,能够引导生产要素向优质产业流动,推动当地产业结构升级以及经济可持续发展。

2.2 民间投资相关研究

2.2.1 国外文献综述

民间投资意为"来自民间的投资",其内涵基本与国外学界的"私人投资"相一致,因此在此将对国外学者对于私人投资相关的研究进行综述。综合来看，国外相关民间投资的成果大致可分为民间投资自身发展、民间投资与经济增长、民间投资影响因素、民间投资与政府投资的关系等几方面。

关于民间投资自身发展、与经济增长关系等方面的研究。国外关于这方面的研究众多，例如，Khan 和 Reinhart（1990），Khan 和 Kumar（1997）认为民间投资的经济效率高于政府公共投资，且民间投资的竞争力也优于政府公共投资[24][25]；Quan（2004）和 Stasavage（2002）从政治学角度探究了政治制度与民间投资的关系[26][27]；Apergis（2000）和 Atukeren（2005）探究了政府公共投资如何作用于民间投资以及影响结果[28][29]；Takao Fujii 等（2012）在研究了政府投资和私人投资的效率问题后发现，在公共领域的投资中，政府投资效率低于私人投资效率，私人投资可以优化资源配置[30]；Alberto R. Musalem（2010）对墨西哥民间投资影响因素研究后发现，投资的相对价格、实际利率和资本利用率对民间投资总额有较大影响[30]；Boudeville J. R.（2000）对31个国家的样本数据进行了实证研究，结果表明促进民间投资增长的因素主要有 GDP 增长、政府投资总量增加、政府信贷投放力度减少、间接金融市场深入发展以及世界平均利率降低，但各国民间投资对各影响因素的反应程度有所不同[31]；Xiao Bozhang 等（2004）通过对中国公共投资和私人投资对东、中、西部经济发展的研究发现，公共投资有助于促进东、中、西部均衡发展，而私人投资不利于东、中、西部的均衡发展[32]。

关于民间投资影响因素方面的研究。凯恩斯曾重点分析了投资的影响因素，并提出了资本边际效率概念，将其定义为使资本未来收益现值恰好等于该资本供给价格的折现率[34]；企业在进行投资决策时，会比较资本边际效率与利率的大小，若资本边际效率大于利率，则投资可以获益，反之则投资不能获利。Kuznets Simon（1993）分析了影响巴基斯坦私人投资的主要因素后发现，GDP 增长、对私信贷投放和政府投资中的非基础设施投资对私人投资有负相关关系[35]。Benedict 和 Joaquim（1994）探究了私人投资与教育支出、经济增长和公共投资的关系后发现，教育支出和经济增长有利于私人投资的增长,而公共投资则对私人投资具有挤出效应[36]。Ritva Reinikka 和 Jakob Svensson(1999)通过研究乌干达落后的基础设施服务对私人投资的影响后发现,将公共资金委托给低效率的公共部门将大大降低私人投资,且私人投资对宏观经济改革的反应是很有限的[37]。Goodwin(2000)研究了1975—1992年的亚洲、撒哈拉以南的非洲和拉丁美洲共31个国家的面板数据后发现,发展中国家私人投资受实际GDP增长、金融中介的改善、政府精神鼓舞和行动支持以及不断完善提升的融资机制等因素的刺激[38]。Nikiforos T. Laopodis(2001)以欧洲发达国家的经济实践数据为出发点,分析了不同种类的政府投资带给民间投资的不同影响[39]。美国社会学家 Joshua S. Gans(2001)在研究监管投资的措施时注意到,合理的价格有助于正向引导民间投资对基础设施的投资,并通过对价格因素的实证检验证明了政府合理制定价格确实有助于民间投资的增长[40]。J. Benson Durham(2002)通过对证券市场和民间投资的研究后发现,在经济不够发达的国家,证券市场的发展可以带动民间投资的增加[41]。Barry Goodwin 和 Dhaneshwar Ghur(2000)研究发现投资效应主要受到经济发展程度、财政状况和金融市场发达程度的影响[42]。Jamesb Ang(2008)认为在马来西亚,控制利率、高储备和流动性要求可促进私人投资,而在印度,控制利率可以促进私人投资,但高储备和流动性要求会抑制私人投资[43]。Roseline,Nyakeratio,Misati 等(2011)对1991—2004年撒哈拉沙漠以南(SSA)的18个国家的经济发展的面板数据进行了实证分析,得出利率升高会抑制私人投资,而私人信贷投放和提高资金周转率会促进私人投资[44]。

关于民间投资与政府投资关系方面的研究。关于这一方面,有些学者认为政府投资挤出了民间投资。例如,Bairam 和 Ward(1993)通过研究后发现投资与政府支出均存在显著负相关关系[45];Evan 等(1994)通过对美国1970—1986年私人投资与公共投资的数据分析发现,仅教育投资可以促进私人投资,而其他领域的公共投资则对私人投资有负面影响[46];Nader(1997)认为墨西哥公共投资对私人投资存在挤出效应[47];Ghali,

Khalifa H.（1998）采用向量误差修正模型研究发现公共投资会抑制民间投资发展，且长期地阻碍经济增长[49]；Ramirez 等（2003）选取了拉丁美洲的九个主要国家为研究样本，对其 1983—1993 年的公共支出、私人投资和经济增长的数据进行深入挖掘分析，发现总体来看，政府消费性支出抑制私人投资和经济增长，但教育与医疗领域的公共支出可显著促进私人资本的积累和经济的长期增长[51]；Mitra（2006）研究表明政府投资与民间投资存在挤出效应[52]；Ahmad，Imtiaz 和 Qayyum，Abdu（2008）运用长期协整的技术方法对巴基斯坦的 1972—2005 年的政府支出和宏观经济数据进行分析，结论为政府投资对民间投资具有挤出效应[53]。还有学者认为政府投资与民间投资之间存在挤入效应。例如，Odedokun M. O.（1997）选定 48 个发展中国家，以 1970—1990 年为研究样本，研究表明基础设施的投资可以促进民间投资和经济增长，但其长期效应大于短期效应[48]；Graham M. Voss（2002）以新古典投资理论为依据，以 VAR 模型为研究方法，全面对比分析了地理位置比邻的美国和加拿大的政府投资与民间投资的互动机制，发现二者具有互补性[50]；Aschauer（1989）通过研究发现，在基础设施领域，公共投资拉动了私人投资[54]；Chirinko（2002）从替代品的角度分析公共投资和私人投资，他认为二者互为可替代品，当公共投资增加时，私人消费相应减少，并进一步导致私人投资增加，所以公共投资会增加私人投资[55]；Vijverberg 等（2000）认为在经济发展初步阶段，政府投资会促进民间投资的增长[56]；Glomm，Rioja（1998）以七个拉美国家投资为样本，研究发现公共投资会促进民间投资发展[57]；Fisherand Tumovsky（1998）认为公共支出通过挤入民间投资以产生乘数效应，并最终刺激经济增长[58]；Kalim Hyde（2001）以巴基斯坦为研究对象，以 1964—2001 年为样本，运用格兰杰因果检验的方法，研究发现公共投资与民间投资呈正相关关系[59]。也有学者认为政府投资与民间投资的"挤入关系"存在不稳定性。例如，Paresh Kurnar Narayan（2004）用协整分析法研究了 1950—2001 年私人投资与政府公共投资在斐济的表现情况，研究表明，不同期间二者关系亦不同，在 1950—1975 年，二者存在协整关系，政府投资与私人投资之间存在挤入效应，1976—2001 年，二者不存在协整关系[60]；Baotai Wang（2005）发现政府支出与私人投资在不同领域有不同的表现，在教育、医疗两个领域，政府支出会促进私人投资增长，在基础设施领域，政府投资增加会导致私人投资减少，而在其他领域二者表现为不相关关系[61]。同时，还有学者认为，公共投资对私人投资并无多大的影响。例如，Barth 和 Cordes（1980），Munnell（1990），Ramirez（1993）研究发现，公共投资与私人投资之间既无挤出效应也无挤入效应[51][62][63]；Levine，Renelt（1992）采用跨地区回归方法研究政府消费对私人投资的影响，发现二者没有显著关系[64]。

2.2.2 国内文献综述

改革开放之前，民间投资规模较小，相应的研究较少。改革开放后，我国开始实行社会主义市场经济，鼓励民间投资的发展，相应的研究也开始增多。随着经济的快速发展，我国关于民间投资的研究也越来越多。综合来看，国内相关民间投资的研究成果也基本上围绕民间投资自身发展、影响因素以及其与经济增长、与政府投资的关系等方面展开。

有关民间投资自身发展方面的研究。诸多学者对我国民间投资发展现状、优势及未来发展进行了研究。例如，赵锡斌、费显政（2000）通过分析我国民间投资的现状后认为，受制于制度约束，我国民间投资市场不发达，故应从制度上进行创新来发展民间投资市场[65]；任保平、刘丽（2004）认为应为非国有经济提供更多的融资途径，并建立引导民间投资良性发展的社会化服务体系[66]。也有部分学者基于我国民间投资与经济增长的现实状况对我国当前民间投资遇到的困难进行了描述，并提出了相对应的对策建议[67][68][69][70][71]［任碧云（1999）；施海松（2000）；马裕廷、崔碧增（2000）；邢乐成（2000）；孟耀（2004）］。李志国（2004）分析了我国民间投资在转型时期存在的问题，并探究了问题的形成原因，且提出了国外民间投资发展的历史经验借鉴[72]；邱元直（2006）研究结果表明，目前我国民间投资发展速度较快，民间投资对我国经济的贡献越来越大，正逐步成为我国市场主体及经济体的重要组成部分[73]；高伟（2010）研究发现，我国民间投资的效率更高，但是在世界范围内仍属于低效率，民间投资应努力提高投资效率而非盲目地扩张规模[74]；辜胜阻等（2010）认为与政府投资相比，民间投资灵活性更大、发展潜力更强、可持续性较高、投资效率较高且对创业创新的推动力较大，让民间投资替代政府投资是后危机时代增强我国经济发展内生动力的重要手段[75]；程敏（2011）指出，民间投资相比政府投资在投资方向选择上更积极主动，投资效率较高，可持续发展能力较强，对创新产业的推动力较大，是我国经济中的活跃因素，也是我国经济可持续发展的关键因素[76]。也有学者对我国局部区域民间投资进行了专门研究。魏友（2012）从浙江省民间投资对经济增长的拉动效应视角进行研究，发现民间投资对经济增长比国有投资具有更大的拉动效应，但民间投资具有增长乏力和投资结构有待优化的问题[77]；张承惠（2003）、潘俊国（2003）以及蒋康宁（2008）深入分析了浙江民间投资的特点[81][82][83]；王迅（2012）通过对黑龙江省民间投资现状的分析发现，与其他省份相比，黑龙江省民间投资存在的主要问题是总量较少，投资方向及投资领域比较单一等[78]；李国义（2012）认为黑龙江省应制定相关政策改善民间投资的发展环境，使民间资本的主动性得以提高，进一步使民间投资的发展潜力得到激发[79]；李思源（2013）认为制约黑龙江民间投资市场发展的主要是思想观念和市场状况，并为黑龙江省民间投资体制改革提出了建议[80]。

同时，有学者研究了民间投资区域发展差异及运行特征。例如，袁岳驷（2006）运用分层聚类的研究方法，构建了民间投资增长指数，结合各省份的人均民间投资额、民间投资占总投资比重和民间投资—GDP相关度等指标，将全国各省划分为各具特色的八种类型[84]；陆迁等（2006）运用基尼系数分解法分析我国各地区社会固定资产投资差异时发现，导致不同地区投资较大差异的主要原因是各地区民间投资差异[85]；陈兆荣（2007）以2000—2003年我国31个省市为样本，利用面板数据模型研究发现，民间投资通过投资、出口和消费"三驾马车"来拉动经济增长，且民间投资对经济增长的影响程度随各省市的经济发展状况而有所不同[86]；李江涛、汤茂林（2008）以我国民间投资区域差异为研究对象，结果表明我国民间投资繁盛于东部沿海地区和京广铁路沿线的省区，且具有向北部和中西部地区扩散的发展态势[87]；李娜（2008）对比了我国东西部地区民间投资的发展情况，发现东部地区的民间投资总量远高于西部地区，投资规模也远大于西部地区，在推动经济发展方面，东部地区的民间投资已取代了政府投资成为发展主力[88]；杨天荣、陆迁（2010）利用西部地区1997—2007年的经济发展数据进行研究，结果发现不同区域之间民间投资的差异较大，对经济发展的促进效果不同[89]；李富有、孙晨辉（2013）从能量的角度研究了西部地区民间投资发展情形，发现民间投资在相似的城市中表现出了相似的动态特征，且较东部地区存在明显的差异[90]；刘希章（2015）研究发现，我国东、中、西部地区的民间投资总量依次减少，但中西部的民间投资发展速度比东部地区快[91]。

有关民间投资影响因素方面的研究。国内关于民间投资影响因素方面研究的文献较多。例如，国家统计局（2003）中详细论述了八个影响民间投资的主要因素，分别是市场供求、财产保护制度、金融政策、利率水平、心理预期、税收政策、市场准入政策和国债投资[92]；刘星（2008）认为我国民间投资之所以发展困难是因为受到各种制度的制约，故促进民间投资发展的根本途径是要进行投融资的制度创新和建立完善私有产权保护制度[93]；郭栋（2004）用博弈分析、格兰杰因果检验和自回归分布滞后模型详细分析了影响民间投资的市场准入、融资现况、经济发展以及民间投资自身发展四个方面的因素，分析了我国民间投资的现状与问题，并提出了针对性建议[94]；金祥荣、蔡一庆（2004）选取我国东、中、西部地区1996—2002年的相关经济数据作为研究样本，用局部调整模型进行计量分析，研究发现，无论东、中、西部，$t-1$期的民间投资与t期的民间投资具有正相关关系，即聚集效应，市场容量和基础设施水平与民间投资也有正相关性，但财政支出与民间投资具有负相关性[95]；徐明华（2004）从定量角度实证分析了民间投资的增长趋势和影响因素，并指出货币政策、财政政策以及居民有效需求直接影响民间投资增长[96]；刘艳等（2006）以广东省为研究对象，分析了1995—2003年广东省民间投资与该省人均可支配收入、贷款利率以及政府财政收支的关系，结果显示民间投资受税收和贷款利率影响明显[97]；马虎兆、李欣先（2007）采用因子分析法对我国30个省市的民间投资发展因素进行分析，指出影响民间投资的主要因素是投资环境、市场化程度和产业结构[98]；李江涛、汤茂林（2008）用计量回归模型深入分析了传统因素、集聚因素和干预因素等民间投资影响因素，提出影响区域民间投资模式的主要因素是市场机制和容量[99]；张晓丹（2011）认为我国民间投资发展乏力的原因在于缺乏跟进体系及部分领域产能过剩，因此要从这两个原因疏通民间资本的流通渠道，引导民间资本的产业流向[100]；徐灵通（2013）认为制度落后是制约甘肃民间投资发展的主要因素，而低效率的民间投资又制约了经济的长期增长，并在此基础上提出了建议[101]。

有关民间投资与政府投资关系方面的研究。国内关于这方面的研究主要是以下几种观点。有学者认为两者存在挤出效应。例如，戴园晨（1999）认为1999年后政府投资与民间投资存在挤出效应[102]；吴俊培（2001）认为政府支出的挤出效应与私人部门市场化运行情况和政府支出的资金来源密切相关[103]；梁学平（2003）认为政府支出的资金来源于国债和税收，其本质是将企业与个人占有的社会资源转移至政府，直接将企业和个人挤出市场，挤出效应显而易见[104]；孟祥仲（2004）认为政府投资对民间投资存在两种挤出效应，分别是需求型挤出效应和供给型挤出效应[105]；田杰棠（2002）通过对我国1998—2000年的市场资金情况和利率变动情况进行实证研究，发现政府投资对民间资本存在不严重的挤出效应[106]；楚尔鸣、鲁旭（2008）基于SVAR模型进行分析，结果显示政府投资不仅在一定程度上挤出了民间投资，还不利于GDP增加[107]；尹贻林、卢晶（2008）研究发现我国政府投资对民间投资的长期效应表现为挤出效应[108]；贾明琪、李贺男（2009）在IS－LM模型的基础上，通过对政府投资、边际消费倾向和货币—利率弹性的分析，研究得出政府投资会挤出民间投资[109];刘忠敏、马树才、陈素琼(2009)通过选取我国1980—2005年的数据进行实证研究,发现无论期限长短,政府投资对私人投资存在挤出效应[110];陈时兴(2012)研究表明政府投资与民间投资之间存在挤出效应[111]。也有学者认为两者不存在挤出效应或挤入效应。吴超林(2001)从理论上验证了代表我国积极财政政策的政府投资没有挤出民间投资[112];项怀诚(2001)研究发现政府投资对民间投资并未产生挤出效应[113];刘溶沧、马拴友(2001)通过构建政府投资与民间投资的函数关系,研究发现政府投资还因提高了私人投资收益率而产生挤入效应[114];庄子银、邹薇(2003)认为政府支出与民间投资是互补品,具有此增彼增、此减彼减的关系[115];宋福铁(2004)研究了政府支出重要资金来源的国债对民间投资的作用情况,通过格兰杰因果检验发现民间投资并未被大量发行的国债所挤出[116];郭庆旺、贾俊雪(2006)通过分析经济周期和资金的来源与收益情况,证明政府投资对私人投资无挤出效应[117];陈浪南、杨子晖(2007)认为政府投资于基础设施领域有助于拉动民间投资,对其具有挤入效应[118];吴洪鹏、刘璐(2007)基于公共投资会挤出民间投资的假设,运用 VAR 模型进行验证,结果显示公共投资促进了民间投资的发展,而并未产生挤出效应[119];董秀良等(2006)研究表明在短期内,政府投资对民间投资存在挤出效应,在长期内则相反,表现为挤入效应[120];汪伟(2009)依托于古典经济学和经济增长理论,动态实证了公共投资与私人投资的关系,结果表明公共投资对私人投资具有强挤入效应和弱挤出效应,综合表现为挤入效应[121]。还有学者认为政府投资与民间投资的挤入效应存在空间异质性。例如,刘一欧、黄静(2012)研究了东、中、西部地区 2000—2010 年的政府投资与民间投资的面板数据,综合各种民间投资的影响因素,得出虽然东、中、西部地区政府投资对民间投资具有挤入效应,但挤入效应依东部、西部、中部的次序依次减弱[122];戴颖杰、杨鑫、郭品(2012)运用空间计量模型分析证明了东、中、西部地区政府投资对民间投资的正空间效应,并发现东部地区和西部地区的民间投资空间依赖性较强[123];林勇、郭庆(2014)采用 VAR 模型动态分析了 1997—2012

年的政府投资与民间投资的省级面板数据，发现政府投资明显挤入了民间投资，且在中西部地区表现尤为明显[124]。另外，林毅夫（2010）、孙立坚（2010）认为，政府投资与民间投资相互作用、关系复杂，不能简单地用挤出效应或者挤入效应加以概括[125][126]。

2.3 产业结构升级相关研究

2.3.1 国外文献综述

理论成果方面，产业结构升级的传统理论以产业结构演进理论为主。威廉—配第将国民经济分为三个部门，即农业部门、工业部门和商业部门，且国民收入依次增多[127]。克拉克认为劳动力具有流动性，且向国民收入高的部门流动，因此，随着经济的不断发展，劳动力会逐渐由第一产业向第二第三产业流动[128]。库兹涅茨在20世纪50年代通过对许多样本国家时间序列数据的研究提出了库兹涅茨定律，即农业的收入和劳动力会随着经济的发展而呈现下降趋势；工业与农业的发展方向相反，会随着经济的增长而增加，但幅度不大，其劳动力总体固定，偶尔呈上升的波动趋势；服务业与经济发展的方向同步，且有小幅的上涨，与此同时其劳动力人数呈现大幅的上涨[129]。霍夫曼于1931年提出了用来衡量产业升级的霍夫曼系数[130]。格里芬等（2001）受自然界中食物链的启发提出了全球价值链（Global Value Chains）理论，并创新性地提出了分离商品的概念，该理论以国际化的视角分析了全球化分工、区域经济发展、产业转型和企业转型等问题，不仅为企业转型提出了新思路，还为产业转型提供了新的研究方向[131]。Gereffi（2005）提出了产业优化通常是沿着低价值产业—劳动密集型产业—资本化和技术化密集型产业的发展路径[132]。在这一层面上，Humphrey 和 Schmitz（2001）明确提出了企业的四层次升级分类法，按照从低到高的次序依次为流程升级、产品升级、功能升级和跨产业升级[133]。Kristine 和 Gundars（2008）认为产品升级应该是产品功能和复杂性提升的过程，是产品技术从低到高发展的过程，是产品附加值从低向高进化的过程[134]。

现代有关产业结构升级的研究以其影响因素为主。Albu 和 Bell（1999）认为关注企业的核心竞争力和企业活动的能力是研究企业转型升级的关键，企业核心竞争力是一家企业所特有的不能被其他企业复制的能力，具有难以超越性，且可以为消费者创造价值[135]；Wurgler（2000）通过对 60 多个国家 1963—1995 年影响产业增加值的相关面板数据进行计量分析，发现一国金融行业的发达程度和受重视程度是影响其产业结构优化升级的关键因素[136]；Hotopp（2005）认为导致中东和东欧国家产业结构差异的主要因素是贸易往来，而非技术水平和劳动力[137]；Blomström 等（2007）研究发现促使东欧国家产业结构从以农业为主导转变为以服务业为主导的主要原因是频繁与发达国家进行贸易往来[138]；Wenting（2007）基于产业演进的相关理论实证分析了英国汽车行业 1895—1968 年的对外贸易数据，结果显示影响该行业的主要因素是规模效应和进出口额[139]；Petr 和 Boleslaw 等（2009）以中欧国家汽车行业为样本，发现产业结构优化升级受自身发展状况影响最大，其次是外商投资[140]；Aghion 和 Howitt（1998）从公司上市融资成本的角度，对新兴产业结构升级的影响因素进行了研究，结果表明融资成本降低有助于资源优化配置、进一步优化产业结构[141]；Wagner 和 Azadegan（2011）通过对企业大数据分析产业结构升级的内在机制，结果发现技术创新是产业结构动态优化的重要推动因素[142]。

2.3.2 国内文献综述

产业结构升级以及其影响因素相关研究。曹群（2006）将认知能力、获取信息能力、传播能力与柔和能力有机结合起来的能力定义为动态能力，并用动态能力分析了生产行业的优化问题[143]；唐海燕、程新章（2006）从产品、工艺和功能三个层次对温州打火机企业的升级过程进行了细致的研究[144]；孙军（2008）从需求因素角度入手，对封闭条件下和开放环境中内含需求因素的产业结构变迁路径进行了分析，并指出影响后发优势国家产业结构升级的重要因素有政府鼓励技术创新的政策和国家内部高层次的需求空间[145];刘芳、倪浩(2009)用层次分析法,定量分析了我国自然禀赋状况、技术创新、对经济全球化的参与、消费需求和对外资的利用等因素,得出影响我国产业结构调整的关键因素是技术创新,并提出了对应的政策建议[146];伍长南(2009)对金融危机下福建省产业结构转型升级进行了研究,并从企业发展、产业调整、财政收入、对外资金和贸易政策等方面提出了政策建议[147];杜传忠、郭树龙(2011)以我国1997—2009年的面板数据为样本,研究发现,技术水平、供需变动和政府因素会显著影响我国产业结构调整,进出口和劳动力的影响效果不明显,而全球性金融危机与我国产业结构具有负相关性[148];张文玺(2012)对比分析了我国与日韩两国的产业结构,并提出了若要摆脱相对滞后的产业结构并形成"三二一"模式,重点在于制定有效的产业政策并加以贯彻实施[149];许腾(2012)以湖州市耐火行业为例进行实证研究,分析了浙江省产业转型的影响因素,提出技术创新是产业结构调整的主要推动力,企业良好的内部环境和组织管理模式以及政策环境对产业结构升级具有积极影响[150];谭晶荣(2012)从可持续发展角度分析了长三角的比较优势,如区位优势、资源优势等,提出企业应通过增大研发投入发展技术品牌优势来增强市场竞争力,使产业结构由"同质趋同"逐渐向"异质趋同"过渡,同时加快发展服务业,推进产业结构优化调整[151];施卫东、高雅(2013)以长三角地区16个中心城市为研究对象,运用固定效应模型分析影响产业结构优化升级的主要因素,结果表明技术水平、人力资本和外资对产业结构优化调整具有正向推动作用[152];王淑梅、张霞(2014)通过ICOR指标对沈阳三次产业投资与产业结构升级的数据进行了实证研究,结果发现,投资效率低下是导致该市产业结构不合理的主要因素[153];杨天宇、朱林(2014)提出居民收入分配是影响产业结构优化调整的重要因素,认为缩小居民收入差距有助于政府推进产业结构优化,故政府应将区域经济发展和收入分配情况作为制定产业政策的考虑因素[154];梁尚龙(2013)认为在特定区域的特定条件下,无论是淘汰低端产业还是引进高端产业,均需要因地制宜地、在现有资源和比较优势的基础上发展高新产业[155]。

2.4 民间投资与产业结构升级相关研究

2.4.1 国外文献综述

有关民间投资与经济增长关系方面的研究。国外学者在民间投资方面的研究较少,主要原因是在资本主义国家市场中,政府投资占比很小,一般不区分政府投资和民间投资,因此国外关于投资的研究可以看作民间投资。外文文献关于投资理论的研究主要是从微观层次出发,站在厂商的视角下研究资本存量等问题,其中,具有代表性的投资理论主要有亚当·斯密观点、凯恩斯(1936)、克拉克(1917)、萨缪尔森(1939)的乘数—加速原理,钱纳里(1932)、克伊科(1954)的弹性加速模型,乔根森(1963)的新古典投资理论,艾斯乃尔、卢卡斯(1967)的资本存量调整模型,Arrow(1970)、Siogol(1985)的不可逆性投资理论等。如亚当·斯密认为投资是资本积累的过程,是经济增长的根源[156];凯恩斯从需求角度研究经济,认为投资对国民收入具有乘数效应,投资的增加会进一步促进经济成倍的增长[157];1939年,萨缪尔森基于凯恩斯投资乘数理论提出了乘数—加速数模型[158];之后,多马和哈罗德对凯恩斯理论进行了进一步的完善,提出了著名的哈罗德—多马模型[159]。

近年来,学者较多地从实证角度分析民间投资与经济增长的关系。例如,Khan和Reinhart(1990)通过对24个发展中国家的相关数据进行分析,发现私人投资相比政府投资更能促进经济增长[24];Summers和DeLong(1991f)通过研究发现固定资产投资会促进经济增长[160];阿肖尔(Aschauer,1994)以西方七国为研究对象,以总量生产函数法为研究方法,比较了政府投资和私人投资对经济增长的贡献率,结果发现政府投资的贡献率更大[161];Young(1995f)研究发现,投资是东亚地区经济发展的最主要推动力[162];Ram(1996)基于标准增长模型实证分析了53个发展中国家1973—1990年公共投资与私人投资的面板数据,结果发现发展中国家的私人投资比公共投资的生产效率高[163];Nader等(1997)研究表明政府投资、民间投资对经济增长均有促进作用,但政府投资与私人投资存在挤出效应[164];Vanhoudt等(1998)认为经济增长会加快资本或投资量的积累速度[165];Baizhu Chen等(2000)通过对中国29省1978—1989年的经济数据进行实证研究,发现高等教育与国际贸易以及具有私营性质的企业行为都会促进经济发展,而高通胀和国企却会拉低经济增长速度[166];Madsen(2002)通过研究澳大利亚经济增长的数据发现,投资和经济增长互为因果,经济增长会带动投资增加,机器设备投资增加又会促进经济增长[169];Barro(1992)认为民间投资对经济增长具有促进作用[170];Jakob B. Madsen(2002)研究了18个OECD国家的数据,发现私人投资通过机器设备领域促进经济增长,而经济增长通过房屋建筑拉动私人投资增加[169];Blanca Sanchez-Robles和Marta Bengoa(2003)研究了1970—1999年拉美国家经济增长的面板数据,发现投资增加是其经济增长的重要原因,且短期效应明显[171];Antonios Adampoulos,Chaido Dritsaki和Melina Dritsaki(2004)实证分析了希腊经济增长的原因,结果发现投资与经济增长互为因果[172];Yang Zou(2006)用GMM和OLS方法对比研究了日本、美国的公共投资、私人投资及其对经济增长的作用发现,日本的公共投资对经济发展有更大贡献,美国由于金融市场完善,私人投资的贡献更大[173];Nadia Tecco(2008)研究发现公共投资对经济增长的拉动效应显著[174];Raouf Boucekkine,Farid Ullah Khan,Mahmood Shah和Irfan Ullah(2014)研究发现,中东国家经济增长与投资具有长期动态性的双向相关性[175];Zhang Jun(2003)研究发现,中国经济增长对民间投资的依赖度要高于政府投资[176];Carmeci和Podrecca(2001f)通过对投资和经济增长的面板数据进行计量研究,发现投资与经济增长互为因果关系[167]。也有学者发现经济增长对投资增长存在促进作用。Orazio(2001)研究发现,固定资产投资增长对经济增长无促进作用,但经济增长对固定资产投资增长却存在促进作用[168];Easterly,Levine(2001)通过研究认为经济增长会促进资本积累[177]。

2.4.2 国内文献综述

有关民间投资与经济增长关系方面的研究。有学者针对民间投资进入具体领域进行了研究。例如，王丽娅（2006）重点分析了民间资本与基础领域投资的相关问题，对民间资本进入基础领域的必要性、可行性、投资范围、障碍因素等进行了详细分析，提出了政府促进民间资本进入基础领域的对策建议[178]；程连于（2009）认为政府通过PPP模式引导民间投资投向，使其进入公共基础设施建设领域[179]。诸多学者认为民间投资对经济发展具有重要作用。如蔡方（2010）通过研究发现，政府投资与民间投资对经济增长均具有促进作用[180]；高磊、许尽晖（2011）发现非公有制经济健康、准确、快速的发展对促进社会主义市场经济具有重大的推动作用[181]；苏畅（2013）研究发现民间投资可以促进科技创新，扩大内需，提高就业率，并提高经济运行质量[182]；王志会（2013）认为民间投资有助于扩大内需、推进科技创新，从而提高就业率和经济运行质量[183]。早期国内关于投资与经济增长关系的实证研究也不少。如耿明斋、胡晓鹏（1999）认为投资是我国经济增长的主要推动力，但过度投资却会引起经济波动，因此要保持投资稳定增长[184]；张华嘉、黄抬胜（1999）从资金来源角度出发实证研究了我国自筹资金投资对经济增长的作用，发现其对经济增长有很大的促进作用，但投资效率却在逐渐下降[185]；施祖辉（2001）研究了上海固定资产投资与地区经济增长的关系，结果发现上海固定资产投资对当地经济增长的贡献度达到了50%，但这种推动仅仅是数量层次的，还未达到质量推动的更高层次[186]；李红松（2004）用VAR模型实证分析了我国固定资产投资与经济增长的关系，发现东部和西部的固定资产投资对经济增长具有单向促进作用[187]。也有学者持相反观点，如陈朝旭（2005）研究发现，我国经济增长是投资增加的格兰杰原因，但投资却不能显著地促进经济增长，且固定资产投资表现出了短期性和粗放性[188]。

国内也有学者研究了投资和产业结构升级的关系，有些学者从投资结构角度出发研究两者之间的关系。如郭克莎（1999）研究发现，投入结构与产出结构不存在明显的相关关系[189]；范德成和刘希宋（2003）认为产业结构的调整依赖于投资结构的优化[190]。有学者研究了投资和产业发展两者的关系。张世贤（2000）发现只有在投资第三产业能够获得高效率的产出时才应对其进行投资[191]；孟猛（2009）研究表明海南省固定资产投资对第一、第二产业的发展有显著促进作用，但对第三产业的贡献大[192]。还有学者研究了投资和产业结构调整的关系。汪菁和何大安（2008）研究发现我国固定资产投资与产业结构调整存在滞后的因果关系[193]；耿修林（2010）运用主成分分析发现，固定资产投资能够促进产业结构调整[194]。

近年来，关于民间投资与经济增长的关系研究。马富萍（2003）研究发现，民间投资可促进经济增长，且贡献率呈逐年上升趋势[195]；李博（2004）研究表明，民间投资对经济增长的促进作用更明显[196]；曹建海等（2005）通过向量误差修正模型对我国1980—1999年的私人投资、公共投资和经济增长的相关数据进行了分析，发现无论资金来源于私人还是政府，均可以促进经济增长，且经济增长对私人投资有较强的促进作用[197]；宋瑛、杜跃平（2006）以我国1978—2004年为样本，研究了我国东、中、西部地区民间投资与经济增长的关系，发现二者具有正相关性[198]；李苑（2006）通过回归模型研究了民间投资对区域经济发展的贡献度，结果发现民间投资对区域经济发展的促进作用十分显著[199]；中国人民银行福州中心支行（2006）以福建省为研究对象，以指数函数模型为研究方法探究了当地民间投资与经济发展的关系以及民间投资的运行情况和发展趋势，结果发现民间投资对沿海地区经济增长的促进作用要大于山区，对第三产业的推动作用要大于第一、第二产业[200]；张洁、刘科伟、陈策（2007）利用1981—2004年我国民间投资与GDP相关数据研究发现，民间投资是我国经济增长的重要推动力[201]；钞小静、任保平（2008）基于我国1978—2005年的经济数据研究了民间投资对经济增长的长短期效应，结果发现民间投资对经济产出的长期贡献显著，短期贡献不显著[202]；杨行翀

（2008）研究发现，浙江省的民间投资对经济增长的促进作用要大于国有投资，投资效率高于国有资金的投资效率[203]；张静（2009）通过建立广义差分模型实证分析了我国民间投资与GDP的关系，发现二者存在双向因果关系[204]；马宁等（2009）通过VAR模型分析发现，西部地区政府投资比民间投资具有更高的经济产出效率，对经济增长的促进作用更加明显，西部地区的民间投资发展存在明显制约[205]；陈真玲（2010）通过研究发现，民间投资和政府投资均可较大程度地促进经济增长，但民间投资具有更好的促进作用[206]；戴瑞姣等（2010）选取了浙江省2004—2007年的相关数据，通过灰色关联度的分析方法研究发现，浙江省民间投资对当地经济增长贡献度很高，尤其是民间投资参与的房地产行业、制造业等行业[207]；王晓茹（2010）通过实证研究发现，民间投资是安徽省经济发展的重要推动力[208]；魏友（2012）研究发现，浙江省经济增长的主要推动力来源于民间投资，民间投资具有比国有投资更高的经济增长效应[209]；罗洎、王莹（2013）实证研究得出民间投资的时间累积效应是促进经济增长强有力的推动力[210]；陈朝龙、杨庆（2014）通过对我国政府投资、民间投资和国民生产总值的统计数据进行计量分析，结论表明短期内应发展民间投资，而长期内政府投资的稳定性更高[211]；刘希章、李富有、南士敬（2015）实证研究了我国东、中、西部民间投资对经济增长的影响，结果表明均是正效应，且民间投资对经济增长的弹性依西、东、中的次序依次逐次降低[91]。

关于民间投资与产业结构升级关系的研究成果。张世贤（2000）认为不能一味地向效率低下的第三产业投资，只有当第三产业回报较高时才能进行投资[191]；范德成、刘希宋（2003）研究发现，产业结构的调整还需要投资结构的优化来推动[190]；张敏丽、杨雅如（2007）通过分析民营经济对我国经济发展的贡献，发现我国产业结构调整的主要推动力来源于民营经济[212]；何南、孟宪军（2013）认为未来我国产业结构调整升级的主要动力将来自日益壮大的民营经济[213]；梁帅、韩学广（2014）研究发现，民间投资快速发展对第一、第三产业有重要的推动作用，但对第二产业却有负面作用[214]；苏华（2004）认为民间投资是实现产业结构优化升级的必要条件，产业结构升级也会反过来为民间投资提供更大的产业选择空间[215]。还有学者对局部区域的民间投资与产业结构升级关系进行了研究。如蒲祖河（2008）通过对温州民间投资和产业结构升级的现状研究发现，应大力引导民间资本参与到产业结构调整，使产业结构得以优化升级[216]；沈俊（2011）通过研究发现，浙江省的民间投资显著促进了当地第二产业的发展，却并未促进第三产业发展[217]；梁志斌（2012）提出了温州民间资本参与产业转型的路径创新[218]；郭鹰（2011）研究发现浙江民间投资对三次产业结构的变化均起到了重要的作用[219]；李雪（2015）通过实证研究发现黑龙江省民间投资对产业结构升级具有正向影响，且随着民间投资的不断壮大，这种正相关关系保持相对稳定[220]；邓婷（2015）研究表明民间资本的确显著地促进了珠江三角洲地区的产业结构优化[221]。

2.5　文献评述

综上所述，国内外学者对民间投资与产业结构升级关系的研究成果比较丰富。但从现有研究来看，在民间投资方面，已有的研究还主要停留在对民间投资自身发展、影响因素以及其与政府投资关系等问题上。在产业结构升级方面，主要集中于对于产业结构升级影响因素等领域；在民间投资与产业结构升级关系研究方面，现有成果则较多地聚焦于民间投资对经济增长影响的研究，对于民间投资与产业结构升级的针对性的文献则不多，不过根据现有研究成果可以判断，民间投资确实是影响产业结构升级的重要因素。概括来看，已有文献对于民间投资与产业结构升级的相关研究仍存在以下几个缺陷。第一，当前研究大多泛泛分析民间投资与产业结构升级的关系，从理论层面系统剖析二者关系以及内在影响机理的文献较少；第二，目前成果涉及产业结构升级的科学合理量化，客观测度产业结构升级程度的文献寥寥无几；第三，现有研究缺少对民间投资产业结构升级效应区域差异性的关注，鲜有从实证层面定量考察不同区域民间投资对产业结构升级异质性影响的文献。具体来看，由于研究的目的、侧重点不同，现有成果暴露出的问题和缺陷如下：

(1) 局部研究的多，系统性研究的少。国内外研究大多集中在民间投资的现状、存在问题、发展对策、影响因素，民间投资对经济增长影响、对产业转型影响，以及产业结构升级影响因素等方面。其中，现状分析的多，揭示机理的少；对个案原因和局部问题剖析的多，但系统揭示民间投资运动特征、对产业结构升级的影响机理、结构效应以及综合效应等方面研究的少；也没有对未来民间投资促进产业结构升级的路径进行针对性深入研究。

(2) 定性分析的多，定量分析的少，方法综合交叉运用的更少。从民间投资自身发展以及影响因素的文献中可以看出，对民间投资发展现状、特点以及策略等方面进行定性分析的多，案例剖析的多；即使部分文献进行了实证分析，其采用的方法也较为简单或样本有限，对民间投资运行特征以及其对产业结构升级影响等方面运用理论分析、实证分析等综合交叉方法进行研究的少。

(3) 重民间投资自身发展等方面的研究，轻民间投资与产业结构升级对接等方面的研究。具体来看，重民间投资影响因素研究，轻民间投资对产业结构升级的影响研究；重民间投资对经济增长影响的研究，轻民间投资产业结构升级效应研究；重民间投资与产业结构升级关系的局部地区性研究，轻民间投资与产业结构升级的整体性研究。

基于以上分析，本书在民间投资与产业结构升级相关理论和文献研究的基础上，以揭示刻画民间投资以及产业结构升级的运行、特征及发展演变为出发点，严格遵循"投入—产出—效率"结构主义增长理论的一般分析逻辑，建立民间投资对产业结构升级影响的理论分析框架；根据产业结构升级表象的复杂性与系统性，分析民间投资影响产业结构升级的作用机理、结构效应及综合影响效应；实证剖析民间投资对产业结构升级影响的结构效应及综合效应的存在性以及区域差异性；研究并提出民间投资推动产业结构升级的路径安排，并设计民间投资推动产业结构升级的长效机制，为鼓励和引导民间投资促进产业结构升级提供政策参考和理论保障。

3 我国民间投资产业结构升级效应的理论分析框架

3.1 我国民间投资影响产业结构升级的制度基础

3.1.1 基本经济制度

所谓经济制度,是指国家决策层为适应社会生产关系以及维护政治稳定的要求而建立起的一系列经济系统运行的政策规则总称。一般来说,经济制度是社会经济运行的一般规则,也是一定阶段内社会经济活动普遍共同认可并遵守的行为规范。从马克思经济学角度看,经济制度其实是指社会发展到一定阶段各种生产关系的总和,一定的经济制度是社会制度的基础。生产关系是社会生产过程中形成的人与人之间的关系,其是由生产力决定的,即生产力决定生产关系,而生产关系反作用于生产力。经济制度包括生产资料归谁所有、生产关系以及产品如何分配三个方面的内容,其中生产资料归谁所有是最基本的、决定性的方面,它决定着生产关系,是社会经济制度的基础,是经济制度与社会制度的根本区别所在。

从马克思经济学角度看,基本经济制度是社会大生产的生产关系中最基本的经济规则,其是根据具体经济社会的特定国情,通过法律手段明确规定生产资料归谁所有的制度。结合我国实际而言,我国治国方略之一是鼓励发展一切有利于我国社会生产力提高、人民生活水平提高、增强国家综合实力的所有制形式,当前我国处于社会主义初期阶段,并且会长期处于这一阶段,现行的基本经济制度是以公有制为主体、多种所有制经济共同发展的经济制度。这里的公有制主要是指具有国有性质的所有制形式，主要由国有经济、集体经济以及混合所有制经济组成，而多种所有制经济包括个体经济、私营经济、外资经济。进一步分析，我国公有制经济与非公有制经济具有不同的作用：公有制经济主要是国有经济，因而发展公有制经济能够体现社会主义制度的优越性，同时能够确保我国经济实力、国际地位以及军事实力等诸多方面的提高；而非公有制经济则能够活跃市场经济，促进就业的增加以及全社会生产力的提高。

一直以来，我国实行以公有制为主体、多种所有制经济共同发展的基本经济制度，一方面，随着我国经济社会的快速发展，我国这种基本经济制度已经完全建立并不断得到完善；另一方面，在这种经济制度的引导下，非公有经济发展迅速，当前非公有制经济也已成为我国社会主义市场经济的重要组成部分，这说明以公有制为主体、多种所有制经济共同发展的基本经济制度适合我国现阶段的基本国情，有力地促进了我国经济社会的发展。并且，近年来，我国颁布了多个促进非公经济的文件，如2005年的"旧36条"、2010年的"新36条"等，党的十六届三中全会精神也强调，必须毫不动摇地巩固和发展公有制经济，坚持鼓励支持非公有制经济发展，同时指出在推动社会主义现代化发展过程中，必须坚持公有制经济为主体，大力发展非公有制经济，发挥各种所有制经济的自身优势，促使各种所有制形式相互促进、共同发展，最终实现共同富裕。由此可见，随着我国各项政策的实施落地，我国非公有制经济必将进一步发展壮大，公有制经济和非公有制经济将长期成为我国社会主义市场经济中的两大主要力量。

3.1.2　市场经济体制

从理论上说，市场经济体制一般是指以市场机制作为配置社会资源基本手段的一种经济制度，它产生于社会化大生产背景下的高度发达的商品经济时代，其主要特征为资源的商品化、经济关系货币化、经济系统开放化以及市场价格自由化，它的主要构成要件为保障私有财产权与确保经济自由。在市场经济体制下，市场运行的动力来自市场主体对利益的追求，不同主体在追求利益时自然会产生竞争，竞争机制和竞争结果主要由市场进行调节；市场的供给取决于市场需求，企业生产什么取决于消费者需求什么，生产量取决于消费者有效的需求水平；市场中的决策主体是分散且平等的，这里的平等是指消费者与生产者之间存在经济与法律上的平等关系，不存在诸如封建社会等社会制度下的人身依附与自由受限的强制关系；市场信息具有快速的流动性，且是在消费者与生产者之间横向流动传递的。同时，市场经济体制下的政府只作为"看得见的手"扮演"守夜人"的角色，只有在市场失灵的情况下才会发挥弥补市场失灵以及宏观调控的作用。

产权制度是现代市场经济体制的核心制度，根据经济学理论，产权是法律对经济主体所拥有财富的一种权利界定。产权其实是一种排他性权利，它赋予了市场中经济主体如何受益、受损等行为权利的规定性的权利边界，且这种边界是清晰明确的，市场经济主体只能在市场允许的权利范围内努力追求自身利益最大化，不能影响他人权利的行使与合理利益的诉求。在这种制度框架下，从长期看，市场经济活动会趋于有序、高效。从理论上说，产权制度是经济系统的基本要素之一，有效的产权制度在微观层次上可以高效地刺激市场经济主体的主观能动性，提高每个主体的工作积极性，大大提高工作效率，在宏观层次上可以强有力地推动经济增长。产权制度影响资源配置效率的机理如下：第一，在产权明晰的前提下，市场行为主体对自身行为完全负责，市场交易的外部性很少存在，因而可以增加社会福利。第二，产权制度是市场信用的基础，市场经济其实就是信用经济，若无完善健全的产权制度便无社会信用制度可言，无信用制度市场经济将无法运行，反之，健全的产权制度可以保证市场经济的有序运行，促进经济增长以及提高经济效率。第三，清晰的产权制度规定了市场中一种自由选择和公平交易的经济关系。这种规定性本身就可以促使市场主体自由进行公平交换，优化配置资源，提高市场运行效率与社会福利。值得说明的是，市场经济的运行肯定要受到社会基本经济制度的影响，不

3 我国民间投资产业结构升级效应的理论分析框架

同社会制度下的市场经济具有不同制度特征的差异性。

我国实行的是社会主义市场经济,社会主义市场经济必然具有社会主义制度的特定特征。一般市场经济与社会主义市场经济的区别主要在于,一般市场经济是在纯私有制经济基础运行的,而我国的社会主义市场经济是在社会主义制度下运行的,并且是在与社会主义制度优越性相结合下发展的。具体表现在,社会主义具有它最本质的属性,那就是必须以公有制经济为主体,社会主义市场经济其实是市场经济与社会主义制度相融合兼容并立的体制;从马克思经济学角度讲,市场经济是一种以自由的市场供求机制配置资源的经济制度,而社会主义经济制度是以计划经济为特征的经济体制,因此,社会主义市场经济是计划经济与市场经济相配合互补的体制。社会主义市场经济相对于纯粹的市场经济具有诸多优势:一方面,理论界已经证明市场经济并不是完美的经济体制,其也存在配置资源的盲目性和失灵状态,此时其必须用计划的手段予以纠正,而社会主义经济制度正是以计划为根本特征,因此两者的结合是十分契合经济学理论逻辑的;另一方面,我国是社会主义国家,但当前却处于社会主义生产力水平低下状态的初期阶段,因此必须在坚持公有制经济为主体的情形下,大力发展极具经济创新活力的非公有制经济,而且非公有制经济相对于公有制经济具有机制灵活、产权清晰等特点,能够天然地迅速适应市场经济运行机制,提高生产力水平,极大地促进经济快速发展。由此可见,我国的社会主义市场经济是政府计划(有形的手)与市场配置(无形的手)相结合的经济制度,而且这种制度下的市场经济是以"实现全社会共同富裕"为内在特征的市场体制,换言之,社会主义市场经济以实现全社会共同富裕为最终目标与根本原则,现阶段的社会主义市场经济手段更是承担了大力发展生产力、解决当前人民日益增长的物质文化需要同落后的社会生产之间矛盾的任务。值得说明的是,我国的经济发展实践已证明,社会主义市场经济是与我国基本国情以及经济发展相适应的经济模式,应结合实际继续坚定不移地完善社会主义市场经济体制,推动社会主义事业健康可持续发展。

3.2 我国民间投资的发展演变及作用

3.2.1 我国民间投资的特定演变事实

（1）国家对于民间资本发展定位的态度演变

1949年新中国成立后，我国对非公有制经济（私营经济、个体经济）的政策是"利用、限制"，此时期民间资本规模很小，仅是用于解决居民和农户因临时性、季节性的生产及生活困难，主要是解决居民、农户平时因衣食住行、婚丧嫁娶等生活性需要问题。1957年我国进入社会主义建设时期，鉴于当时经济发展环境以及水平的考虑，国家仅仅支持国有经济和集体经济，对民间资本采取了"取缔、打击"的政策，不允许民间资本的存在。在当时的体制下，民间资本规模较小，且仅是用于满足人民生活方面的需要。改革开放以后，我国开始重视非公有制经济，认为非公有制经济是社会主义经济的"有益的、必要的补充"。1997年，党的第十五次全国代表大会召开，会议明确提出非公有制经济是我国社会主义市场经济的重要组成部分；2002年，党的第十六次全国代表大会提出包括非公有制经济人士在内的新的社会阶层都是中国特色社会主义的建设者；2007年，党的第十七次全国代表大会会议精神指出，必须毫不动摇地鼓励支持以及引导非公有制经济发展，并且明确促进各种所有制经济相互公平、平等竞争，共同发展；2012年，党的第十八次全国代表大会报告中明确指出包括非公经济所有制在内的各种经济主体平等地参与市场竞争，受法律同等保护；特别地，党的十八届三中全会报告明确指出，必须继续毫不动摇大力鼓励支持以及引导非公有制经济发展，充分激发非公有制经济活力以及创造力。

（2）国家积极鼓励民间资本发展的政策文件演变

近年来，国务院就发展非公有制经济颁布了许多文件和政策。2005年，国务院首次颁布了鼓励发展非公有制经济文件，即《关于鼓励支持和引导个体私营等非公有制经济发展的若干意见》（以下简称"非公36条"），文件提出对非公有制经济要"一视同仁、平等对待"，"非公36

条"是关于非公制经济发展的一份具有开拓性、改革性的文件；2009年，为促进民营中小企业发展，《关于进一步促进中小企业发展的若干意见》（以下简称"国29条"）得以颁布；2010年，为促进民间投资进一步发展，国务院又颁布了《关于鼓励和引导民间投资健康发展的若干意见》（以下简称"新36条"），"新36条"文件进一步拓宽了民间投资的领域和范围，允许民间资本直接入股金融机构，鼓励和引导民间资本进入垄断部门和基础设施领域，支持和引导民间资本投资城镇化发展等领域。相较于"非公36条"，"新36条"把"非公36条"中推动非公有制经济投资方面的内容进一步具体化，表现为"以现代产权技术为基础发展混合所有制经济"和"规范设置投资准入门槛"两方面的具化上。

（3）民间资本投资的发展演变

计划经济下民间资本生长在公有资本的夹缝里。1949年新中国成立后，我国逐步完成农业、工业、商业等领域的改造工作；1956年进入了社会主义社会，同时我国建立了高度集中的计划经济，在此期间，国有资本对民间资本强烈排斥，民间资本投资的数量非常少，也往往是国家政策限制和取缔的对象。从金融流通的角度看，那时的民间资本投资规模很小，经常处于地下隐蔽状态，分散在居民和个人之间，受乡缘、亲缘、血缘、乡规民俗、道德规范以及人情关系影响，不断活跃在人们的生活中。由于计划经济下国家打压民间资本，整个社会的生产率低下，市场上只有少量的民间资本。由于人们的收入有限，城市居民、农村居民出现突发事件或婚丧大事时，需要亲戚、邻里帮助等，民间资本投资在这方面发挥了重要作用。

改革开放后，民间资本投资不断发展壮大。1978年党的十一届三中全会确立了我国改革开放的战略方针，1992年，我国决定建立社会主义市场经济体制，并出台有针对性的政策鼓励支持发展私营经济、民营经济等非公有经济。此后个体私营经济、民营经济等非公有制经济如雨后春笋般发展起来，与之相应地，民营经济等自身的民间资本投资规模也得以不断发展壮大。从金融流通的角度看，改革开放后，民营企业为了扩大再生产需要资金，但由于规模小、成立时间较短、缺少相应的抵押品等因素，较难从国家正规金融机构获得资金支持,因而民间金融市场成为其融资的主要渠道。而民间金融市场的利率高,资本从利率低的地区流向利率高的地区,从收益率低的行业流向收益率高的行业,这正是"看不见的手"发挥着有效配置民间资本的作用。民间投资解决了个体私营经济和民营经济的燃眉之急,促进了民营经济、民营企业的发展壮大,同时民间资本的供给者(居民家庭)也得到了高回报,因此,民间投资促进了我国民营经济、民营企业的快速成长。总之,改革开放多40年来,国民收入分配向地方、企业和个人倾斜,民营经济和民营企业异军突起,使得民营企业与居民家庭收入剧增,同时巨额的民间资本反过来又促进了国有经济和民营经济的健康快速发展,形成了良性互动、互惠的关系。

简言之,我国民间资本投资发展壮大的路径可以概括为:党的十一届三中全会以经济建设为中心的经济体制改革—社会主义市场经济确立和完善—生产要素(劳动、资本、土地流转承包和企业家才能)的自由流动—市场主体的竞争及社会生产率的提高—民营经济与民营企业的发展壮大—国家税收政策的支持、市场制度的完善和私人的法律保护—民间资本投资不断发展壮大。

3.2.2 我国民间投资运行的主要壁垒因素

当前我国正处于经济转型的新常态发展时期,民间投资投向行业仍存在壁垒因素,比如民间投资进入行业依然存在"玻璃门""弹簧门"等体制制度壁垒因素,也面临行业垄断壁垒因素。同时,研发投入是民间投资赖以长期发展的重要因素,因而也将该因素纳入一并进行分析。因此,本部分将基于纳入民间投资进入壁垒因素的内生经济增长模型,着重考察民间投资进入壁垒因素以及民间投资研发投入因素影响经济增长的情形。

(1)纳入民间投资进入壁垒因素的理论模型

根据传统的经济增长理论,假定产出由资本与劳动力因素决定,因而生产函数为:

$$Y = F(K,L) \qquad (3-1)$$

其中，Y 表示产出，K 表示资本，L 代表劳动力。生产函数形式采用柯布—道格拉斯形式，同时，假设 Y 对 K 和 L 的规模报酬不变，而且每种投入都有数量为正且递减的边际产出，稻田条件为：$K' \to \infty$，$f(K) \to \infty$。则生产函数的具体形式为：

$$Y = A \cdot K^{\varnothing} \cdot L^{1-\varnothing} \quad (3-2)$$

其中，A 表示技术等因素；$\varnothing$ 表示资本的产出弹性。

将原生产函数中的资本项分为国有资本 K_g 和民间资本 K_p，来考察民间投资对总产出的影响。依据学界的习惯做法，假设民间投资进入成本与行业垄断程度两因素均通过资本运用的途径对经济增长产生影响效应，则式（3-2）中的资本要素表达式为：

$$K = (K_g \cdot K_p{}^{\alpha})^{\beta} \quad (3-3)$$

其中，参数 α 表示民间投资进入成本，$0 < \alpha < 1$；参数 β 表示行业垄断程度，$0 < \beta < 1$。

同理，假定技术进步是由国有资本与民间资本共同决定的，则技术进步的表达式为：

$$A = A_0 \cdot K_g{}^{(1-\gamma)} \cdot K_p{}^{\gamma} \quad (3-4)$$

其中，γ 为民间投资研发投入比例。

综合式（3-2）、式（3-3）、式（3-4），可得：

$$Y = A_0 K_g{}^{(1-\gamma)} \cdot K_p{}^{\gamma} \cdot (K_g \cdot K_p{}^{\alpha})^{\beta\varnothing} \cdot L^{1-\varnothing} \quad (3-5)$$

在社会消费模型假设方面，假定当代成年人预期其不断拓展的家庭规模的增长速度为 0，即出生率等于死亡率，并且忽略人口的迁移。假设时点 0 的成人数标准化为 1，时点 t 的成人人口也为 1。假定 $U_{(c)}$ 是 c 的递增的凹函数，且边际效用递减。根据 Ramsey - Koopmans 模型，建立社会瞬时效用函数如下：

$$U_{(c)} = \frac{C^{1-\sigma}}{1-\sigma} \quad (3-6)$$

其中，$U_{(c)}$ 社会瞬时效用；C 为全社会消费；σ 为相对风险厌恶系数。

依据式（3-6），求效用函数最大化为：

$$\max U_{(c)} = \int_0^{+\infty} e^{-\rho t} \frac{C^{1-\sigma}}{1-\sigma} \mathrm{d}t \qquad (3-7)$$

其中，$e^{-\rho t}$ 为时间偏好折现因子。

在此假定当期的国有资本是政府外生决定的，则民间资本可表示为：

$$\dot{K}_p = (1-\tau)Y - C \qquad (3-8)$$

其中，Y 为总产出，C 为总消费，τ 为税率。

将式（3-5）代入式（3-8）得：

$$\dot{K}_p = (1-\tau)A_0 K_g^{(1-\gamma)} \cdot K_p^{\gamma} \cdot (K_g \cdot K_p^{\alpha})^{\beta\varnothing} \cdot L^{1-\varnothing} - C \qquad (3-9)$$

从而由式（3-7）与式（3-9）得出式（3-10）和式（3-11）极值最优化问题：

$$\max U_{(c)} = \int_0^{+\infty} e^{-\rho t} \frac{C^{1-\sigma}}{1-\sigma} \mathrm{d}t \qquad (3-10)$$

$$\text{s.t.} \quad \dot{K}_p = (1-\tau)A_0 K_g^{(1-\gamma)} \cdot K_p^{\gamma} \cdot (K_g \cdot K_p^{\alpha})^{\beta\varnothing} \cdot L^{1-\varnothing} - C$$
$$(3-11)$$

为便于推演，结合式（3-10）和式（3-11），建立哈密尔顿函数如下：

$$H = e^{-\rho t} \frac{C^{1-\sigma}}{1-\sigma} + \lambda \left[(1-\tau)A_0 K_g^{(1-\gamma+\beta\varnothing)} \cdot K_p^{\gamma+\alpha\beta\varnothing} \cdot L^{1-\varnothing} - C \right]$$
$$(3-12)$$

式（3-12）对 C 求导，即 $\frac{\partial H}{\partial C} = 0$，得出：

$$e^{-\rho t} \cdot C^{-\sigma} - \lambda = 0$$

变换可得：

$$\lambda = e^{-\rho t} \cdot C^{-\sigma} \qquad (3-13)$$

对式（3-13）两边取对数：

$$\ln \lambda = \ln(e^{-\rho t} \cdot C^{-\sigma})$$

变换式（3-13）得：

$$\frac{\dot{\lambda}}{\lambda} = -\rho - \sigma \frac{\dot{C}}{C} \qquad (3-14)$$

对式（3-14）进行变换得出：

$$\frac{\dot{C}}{C} = -\frac{\frac{\dot{\lambda}}{\lambda}+\rho}{\sigma} \qquad (3-15)$$

由于 $\frac{\partial H}{\partial K_p} = -\dot{\lambda}$，结合式（3-12）得：

$$\frac{\partial H}{\partial K_p} = \lambda(1-\tau)\cdot(\gamma+\alpha\beta\varnothing)\cdot K_g^{(1-\gamma+\beta\varnothing)}\cdot K_p^{\gamma+\alpha\beta\varnothing-1}\cdot L^{1-\varnothing} = -\dot{\lambda}$$

$$\frac{\dot{\lambda}}{\lambda} = (\tau-1)(\gamma+\alpha\beta\varnothing)\cdot K_g^{(1-\gamma+\beta\varnothing)}\cdot K_p^{\gamma+\alpha\beta\varnothing-1}\cdot L^{1-\varnothing}$$

$$(3-16)$$

从而得出：

$$\frac{\dot{C}}{C} = -\frac{(\tau-1)(\gamma+\alpha\beta\varnothing)\cdot K_g^{(1-\gamma+\beta\varnothing)}\cdot K_p^{\gamma+\alpha\beta\varnothing-1}\cdot L^{1-\varnothing}+\rho}{\sigma}$$

$$(3-17)$$

由于 $C = C_0 + C'Y$，对时间 t 求导得：

$$\dot{C} = \frac{dC}{dt} = C'\frac{dY}{dt} = C'\dot{Y} \qquad (3-18)$$

由于 C_0 可以忽略不计，由此可得：

$$\frac{\dot{C}}{C} = \frac{C'\dot{Y}}{C_0 + C'Y} \approx \frac{\dot{Y}}{Y} \qquad (3-19)$$

结合式（3-17）可得：

$$\frac{\dot{Y}}{Y} = -\frac{(\tau-1)(\gamma+\alpha\beta\varphi)\cdot K_g^{(1-\gamma+\beta\varphi)}\cdot K_p^{\gamma+\alpha\beta\varphi-1}\cdot L^{1-\varphi}+\rho}{\sigma} \qquad (3-20)$$

结合总产出 Y 的最终迭代表达式：

$$Y_t = \prod_{t=0}\left[1+\left(\frac{\dot{Y}}{Y}\right)_t\right]Y_0 \qquad (3-21)$$

由此定义 G^* 为名义经济增长率 $G^* = \frac{\dot{Y}}{Y}$，则实际经济增长率 G 为：

$$G = -\sigma\frac{\dot{Y}}{Y} - \rho \qquad (3-22)$$

结合式（3-20），可得：
$$G = (\tau - 1) A_0 (\gamma + \alpha\beta\varphi) \cdot K_g^{1-\gamma+\beta\varphi} \cdot K_p^{\gamma+\alpha\beta\varphi-1} \cdot L^{1-\varphi} \quad (3-23)$$

其中，G 表示经济增长率；K_p 表示民间投资；K_g 表示国有投资；L 表示劳动力；α 表示民间投资进入成本；β 表示民间投资进入的行业垄断程度；γ 表示民间投资研发投入比例。

（2）民间投资壁垒因素对经济增长的影响分析

对式（3-23）两边取自然对数得：

$$\ln G = \ln(\tau-1)A_0 L^{1-\varnothing} + \ln(\gamma+\alpha\beta\varnothing) + \ln K_g^{1-\gamma+\beta\varnothing} + \ln K_p^{\gamma+\alpha\beta\varnothing-1}$$

$$\ln G = \ln(\tau-1)A_0 L^{1-\varnothing} + \ln(\gamma+\alpha\beta\varnothing) + (1-\gamma+\beta\varnothing)\ln K_g + (\gamma+\alpha\beta\varnothing-1)\ln K_p \quad (3-24)$$

①民间投资进入成本因素

对式（3-24）中的 α 求导可得：

$$\frac{1}{G}\frac{dG}{d\alpha} = \frac{\beta\varnothing}{\gamma+\alpha\beta\varnothing} + \beta\varnothing \ln K_p$$

$$\frac{dG}{d\alpha} = (\tau-1)A_0(\gamma+\alpha\beta\varnothing) \cdot K_g^{1-\gamma+\beta\varnothing} \cdot K_p^{\gamma+\alpha\beta\varnothing-1} \cdot L^{1-\varnothing}\left(\frac{\beta\varnothing}{\gamma+\alpha\beta\varnothing} + \beta\varnothing \ln K_p\right) \quad (3-25)$$

容易判断，$\frac{dG}{d\alpha} < 0$，这是因为税率一般情况下小于 1，从而 $(\tau-1)$ 小于 0。这说明 α 对 G 具有负向影响。经济学意义在于，若一经济体的民间投资进入成本越高，则民间投资越较难进入行业，从而民间投资对总产出的负面影响越大。

②行业垄断程度因素

对式（3-24）中 β 求导可得：

$$\frac{1}{G}\frac{dG}{d\beta} = \frac{\alpha\varnothing}{\gamma+\alpha\beta\varnothing} + \varnothing\ln K_g + \alpha\varnothing\ln K_p$$

$$\frac{dG}{d\beta} = (\tau-1)A_0(\gamma+\alpha\beta\varnothing) \cdot K_g^{1-\gamma+\beta\varnothing} \cdot K_p^{\gamma+\alpha\beta\varnothing-1} \cdot L^{1-\varnothing}\left(\frac{\alpha\varnothing}{\gamma+\alpha\beta\varnothing} + \varnothing\ln K_g + \alpha\varnothing\ln K_p\right) \quad (3-26)$$

3 我国民间投资产业结构升级效应的理论分析框架

同理,可知 $\frac{dG}{d\beta}<0$,这说明民间投资的行业垄断程度因素对总产出具有负向影响。从经济学的角度看,这一点很符合理论预期,行业的垄断程度越高,民间投资则越难以进入,从而民间投资对经济增长的贡献也越低。

(3) 民间投资研发投入因素

对式 (3-24) 中的 r 求导可得:

$$\frac{1}{G}\frac{dG}{d\gamma} = \frac{1}{\gamma+\alpha\beta\varnothing} - \ln K_g + \ln K_p = \frac{1}{\gamma+\alpha\beta\varnothing} - \ln\frac{K_g}{K_p}$$

$$\frac{dG}{d\gamma} = (\tau-1)A_0(\gamma+\alpha\beta\varphi)\cdot K_g^{1-\gamma+\beta\varphi}\cdot K_p^{\gamma+\alpha\beta\varphi-1}\cdot L^{1-\varphi}\left(\frac{1}{\gamma+\alpha\beta\varnothing} - \ln\frac{K_g}{K_p}\right)$$

$$\frac{dG}{d\gamma} = (\tau-1)A_0\cdot K_g^{1-\gamma+\beta\varphi}\cdot K_p^{\gamma+\alpha\beta\varphi-1}\cdot L^{1-\varphi}\left(1-(\gamma+\alpha\beta\varnothing)\ln\frac{K_g}{K_p}\right)$$

(3-27)

可见,$\frac{dG}{d\gamma}$ 的正负取决于 $\left[1-(\gamma+\alpha\beta\varnothing)\ln\frac{K_g}{K_p}\right]$ 的正负情形,易知我国市场经济是产生于计划经济时代后期,长期以来,民间资本是在国有资本夹缝里生存和发展的,又受乡缘、亲缘、血缘以及乡规民俗等诸多方面的影响,因而一般的有 $K_g>K_p$,故 $\ln\frac{K_g}{K_p}>1$,可判定 $(\gamma+\alpha\beta\varnothing)\ln\frac{K_g}{K_p}>1$,可得 $\frac{dG}{d\gamma}>0$。从理论上看,民间投资的研发投入比例越高,则民间投资越能促进技术创新,从而越能促进经济增长。目前,民间投资是发展我国各种新兴产业最具有活力的动力,只有政府积极鼓励,并增加民间投资的研发投入,加强各种金融市场服务,才能让民间投资保持较好的创新能力。

3.2.3 我国民间投资对经济发展的作用

改革开放以来,国家允许个体私营经济、民营企业等存在和发展,扩大企业的自主权和地方的财政权,实现了由计划经济体制下的集财于国有到社会主义市场经济体制下的藏富于民的根本性转变，民间资本的数量越来越多，根据《中国中小企业年鉴（2011）》统计数据，2010年我国民营中小企业占全国企业总数的比例已达99%，产值占我国GDP的比例60%。可见，民营经济已成为我国经济发展过程中的重要力量。总体来讲，民间投资具有以下功能作用：

第一，民间投资具有增加国家税收和扩大就业的作用。改革开放以来，我国市场经济体制不断健全完善，国有资本投资应主要用于公共产品的供给，准公共产品应逐步由国有资本和民间资本通过竞争共同投资来提供，或者通过建立混合所有制经济来提供。而对于竞争性行业的产品国家将逐步主要依赖民间投资来实现。客观上讲，改革开放后我国民间投资的健康快速发展，扩大了全社会就业，繁荣了商品市场及生产要素市场，促使我国政府转变职能，增加了国家的税收，进一步促进了我国国民经济的健康快速发展。总之，民间投资的不断扩大可以吸纳失业人口再就业，减轻社会压力，实现社会的稳定与繁荣。据统计，我国民间中小企业提供了我国就业市场近75%的就业岗位。在新常态下，国有投资将在国家政策导向的指导下逐步将重点放在市场不能有效配置资源的领域——公共产品和公共服务领域。因此，从长期来看，国有投资在全社会投资中所占比重将会不断下降，而民间投资将成为经济可持续发展、扩大居民就业、增加国家税收以及实现居民收入稳定增长的重要力量。

民间投资具有调节经济结构的作用。改革开放后，我国农村实行家庭联产承包责任制，土地的投资主要由居民家庭投资，居民投资个体工商企业，居民投资兴办村办企业及乡镇企业。农民承包荒山植树，投资兴办民营小煤窑、小水泥厂、小水电厂，以及城乡出租车、小公共汽车和各种交通工具等，还有民间资本入股成立资金互助会等。民间资本还投资幼儿园、小学、中学及大学教育等，例如，20世纪80年代中后期，民间资本投资兴办的民办大学，起初主要是通过社会力量举办各类自学大专、本科考试辅导、各类考试的考前辅导班等，后来逐步演变规范并发展为教育部注册的民办大学及民营培训学校等，目前教育部已将民办大学纳入统一招生计划之列。民间资本投资教育促进了我国各类教育特别是高等教育的快速健康发展。同时,民间资本通过投资书店、报刊、体育运动健身场所,兴办私立医院以及养老院等,繁荣了我国的文化、体育、医疗卫生以及养老事业。进入21世纪,我国民间资本的数量不断壮大,质量也在逐步提高。更为重要的是,2005年、2010年国务院分别颁布了大力支持私营经济和非公有制经济发展的"非公36条"和毫不动摇地支持民间资本投资的"新36条",进一步明确了民间资本可以进入能源、交通、公共事业、金融业等国家长期垄断的领域,标志着我国民间投资春天的来临。近几年,随着国家一系列政策的落地实施,我国的民间资本投资已然进入了实体经济领域,例如,民间资本已进入国家的大型能源企业、地铁等城市交通、民航机场、自来水、环境污染的治理、大型的民营银行等行业。

改革开放40多年来,我国民间投资在促进经济快速健康发展方面发挥了不可或缺的重要作用。在我国经济进入新常态下,民间投资将在市场机制的引导下自发调节经济结构,必将在新能源、新材料及环保产业、战略新兴产业、"一带一路"建设等领域发挥不可替代的作用。同时,随着我国市场机制的不断完善,民营企业将逐步重视和加大对新产品的研发投入,不断提高核心竞争力,实现民营企业的创新驱动战略,进一步促进我国国民经济的健康可持续发展。

3.3 民间投资对产业结构升级影响的作用机制

3.3.1 民间投资对产业结构升级的影响:基于单部门视角

从需求角度来说,投资可以直接促进经济增长,从供给角度来说,投资则可以形成资本从而长期推动经济增长。可见,投资可以从需求与供给两个渠道促进经济增长。在我国,投资主要由民间投资与公共投资组成,因此,民间投资的变化会给产出以及产业结构升级带来直接重大影响。结构主义增长理论认为,经济增长一方面来源于总量投入的增加,另一方面来源于资源的再配置。Jorgenson(1961)将经济部门分为传统部门和现代部门[222]，并且建立了一个资源从传统部门向现代部门转移的二元经济增长模型。因此，本书将在二元经济增长模型的基础上探讨单部门视角下民间投资对产业结构升级影响效应的作用机制。

假设经济部门同时存在传统产业部门和现代产业部门；生产部门全为民间私人部门（P），且生产部门分布于各产业部门内；民间私人部门各产业的产出取决于部门资本与劳动力生产要素的分布情况。因此，生产部门的生产函数表示为：

$$Y_i^P = f(K_i^P, L_i^P, A_i^P) \qquad (3-28)$$

其中，K 表示民间私人部门第 i 产业的资本，L 表示民间私人部门第 i 产业的劳动力；A 表示技术进步等不可量化的因素；且 $i=1, 2$，分别表示传统产业部门和现代产业部门。民间私人部门总产出随时间的动态变化为：

$$\Delta Y_i^P = P_{ki}\Delta K_i^P + P_{li}\Delta L_i^P \qquad (3-29)$$

其中，ΔY_i^P 表示第 i 产业产出的变化量；P_{ki} 表示第 i 产业资本的边际生产率，ΔK_i^P 第 i 产业资本的变化量；P_{li} 表示第 i 产业劳动的边际生产率，ΔL_i^P 第 i 产业劳动的变化量。

为考察要素流动对经济部门产出结构的变化，假定生产部门的资本要素与劳动要素在传统产业部门与现代产业部门具有不同的边际生产率，鉴于理论推理的需要，在此假定不同产业的要素边际生产率存在一定的比例关系，即：

$$\frac{P_{k2}}{P_{k1}} = 1+\alpha, \frac{P_{l2}}{P_{l1}} = 1+\beta \qquad (3-30)$$

其中，α, β 为参数。

由于总产出为 $Y = Y_1^P + Y_2^P$，将式（3-29）展开可得：

$$\Delta Y = \sum_{i=1}^{2} (P_{ki}\Delta K_i^P + P_{li}\Delta L_i^P) \qquad (3-31)$$

结合式（3-30），式（3-31）变换成：

$$\Delta Y = P_{k1}(\Delta K_1^P + \Delta K_2^P) + \alpha P_{k1}\Delta K_2^P + P_{l1}(\Delta L_1^P + \Delta L_2^P) + \beta P_{l1}\Delta L_2^P$$

$$(3-32)$$

由于要素总变化等于不同产业的要素变化之和，即 $\Delta K = \Delta K_1 + \Delta K_2$，

3 我国民间投资产业结构升级效应的理论分析框架

$\Delta L = \Delta L_1 + \Delta L_2$,式（3-32）变换如下：

$$\Delta Y = P_{k1}\Delta K^P + P_{l1}\Delta L^P + \frac{\alpha}{1+\alpha}P_{k2}\Delta K_2^P + \frac{\beta}{1+\beta}P_{l2}\Delta L_2^P \qquad (3-33)$$

结合式（3-29），式（3-33）可以表示为：

$$\Delta Y = P_{k1}\Delta K^P + P_{l1}\Delta L^P + \frac{\alpha}{1+\alpha}\Delta Y_2^P + \left(\frac{\beta}{1+\beta} - \frac{\alpha}{1+\alpha}\right)P_{l2}\Delta L_2^P \quad (3-34)$$

式（3-33）、式（3-34）解释了资源在各产业之间转移对产出结构的影响情形。由式（3-34）可知，当 $\alpha = \beta = 0$ 时，生产部门在各产业要素边际生产率均相等，即为二元经济增长模型。当生产部门在各产业要素边际生产率存在差异时，即 α,β 系数不同时为0时，那么要素资源在产业之间的流动则会对总产出产生影响。例如，若 $\alpha > 0, \beta > 0$，由式（3-34）可知，那么生产部门的资本要素与劳动要素从产业1转移到产业2，就会带来 ΔY 的增加，产生正的结构效应；反之，若 $\alpha < 0, \beta < 0$，则会产生负的结构效应。这种影响效应的大小可表示为：

$$\frac{\alpha}{1+\alpha}P_{k2}dK_2^P + \frac{\beta}{1+\beta}P_{l2}dL_2^P \qquad (3-35)$$

其中，dK_2^P 表示民间私人部门的资本从产业1转移到产业2的量；dL_2^P 表示民间私人部门劳动从产业1转移到产业2的量。在市场经济条件下，民营企业通过投资渠道扩大再生产、开发新技术以及进驻某个新兴产业，从而影响劳动力与资本在各产业的配置状态，从而影响到产业结构变动。

3.3.2 民间投资对产业结构升级的影响：基于双部门视角

上一节讨论了单民间私人部门下民间投资对产业结构升级影响的作用机制，本部分依然按照Jorgenson（1961）的做法将经济部门分为传统部门和现代部门[222]，并建立一个资源从传统部门向现代部门转移的二元经济增长模型。同时，Barro（1990）、刘希章和邢治斌（2015）等认为公共部门是促进经济增长以及产业结构升级的重要因素[223][170]。鉴于此，本书将继续在二元经济增长模型的基础上，引入公共部门从两部门视角探讨民间投资对产业结构升级影响效应的作用机制。

假设经济部门同时存在传统产业部门和现代产业部门，记为产业1和产业2；同时将生产部门分为民间私人部门（P）和公共部门（G），且两个生产部门均分布于传统产业部门与现代产业部门内；各产业内的公共部门和民间私人部门的总产出均取决于各部门生产要素分布情形；同时，一般来说，公共部门会对民间私人部门产生外溢作用，并且假定外溢作用是通过资本运用渠道发挥作用的。依据学界一般的做法，此处将公共部门的资本纳入民间私人部门的生产函数中以体现这种外溢作用。民间私人部门和公共部门的生产函数分别为：

$$Y_i^P = f(K_i^P, K_i^G, L_i^P, A_i^P) \tag{3-36}$$

$$Y_i^G = f(K_i^G, L_i^G, A_i^G) \tag{3-37}$$

其中，Y_i^P 表示民间私人部门第 i 产业总产出；K_i^P 表示民间私人部门第 i 产业的资本要素，L_i^P 表示民间私人部门第 i 产业的劳动要素。Y_i^G 表示公共部门第 i 产业总产出；K_i^G 表示公共部门第 i 产业的资本要素；L_i^G 表示公共部门第 i 产业的劳动要素；A 表示技术进步等不可量化的因素；参数 $i=1$，2，分别表示传统产业部门和现代产业部门。民间私人部门和公共部门产出随时间的变化量分别表示为：

$$\Delta Y_i^P = P_{ki}\Delta K_i^P + P_{li}\Delta L_i^P + P_{gi}\Delta K_i^G \tag{3-38}$$

$$\Delta Y_i^G = G_{ki}\Delta K_i^G + G_{li}\Delta L_i^G \tag{3-39}$$

其中，ΔY_i^P 表示民间私人部门第 i 产业产出的变化量，P_{ki} 表示民间私人部门第 i 产业资本边际生产率，P_{li} 表示民间私人部门第 i 产业劳动边际生产率；P_{gi} 代表第 i 产业中公共部门对民间私人部门的外溢作用系数，根据假定可知 P_{gi} 与 P_{ki} 相等；ΔY_i^G 表示公共部门第 i 产业产出的变化量，G_{ki} 代表公共部门第 i 产业资本边际生产率，G_{li} 表示公共部门第 i 产业劳动边际生产率。

与上一小节假设一样，在此假定民间私人部门和公共部门要素在不同产业的边际生产率不同，且鉴于理论推理需要，假定存在一定的比例关系：

$$\frac{P_{k2}}{P_{k1}} = 1 + \alpha, \frac{P_{l2}}{P_{l1}} = 1 + \beta, \frac{P_{g2}}{P_{g1}} = 1 + \gamma \qquad (3-40)$$

$$\frac{G_{k2}}{G_{k1}} = 1 + \delta, \frac{G_{l2}}{G_{l1}} = 1 + \mu \qquad (3-41)$$

其中，α、β、γ、δ、μ 是参数。

由于 $Y = Y_1^P + Y_2^P + Y_1^G + Y_2^G$，结合式（3-38）和式（3-39），则得出：

$$\Delta Y = \sum_{i=1}^{2}(P_{ki}\Delta K_i^P + P_{li}\Delta L_i^P + P_{gi}\Delta K_i^G) + \sum_{i=1}^{2}(G_{ki}\Delta K_i^G + G_{li}\Delta L_i^G)$$

$$(3-42)$$

结合式（3-40）和式（3-41），式（3-42）变换成：

$$\Delta Y = P_{k1}(\Delta K_1^P + \Delta K_2^P) + \alpha P_{k1}\Delta K_2^P + P_{l1}(\Delta L_1^P + \Delta L_2^P) + $$
$$\beta P_{l1}\Delta L_2^P + G_{k1}(\Delta K_1^G + \Delta K_2^G) + \delta G_{k1}\Delta K_2^G + G_{l1}(\Delta L_1^G + \qquad (3-43)$$
$$\Delta L_2^G) + \mu G_{l1}\Delta L_2^G + P_{g1}(\Delta K_1^G + \Delta K_2^G) + \gamma P_{g1}\Delta K_2^G$$

由于要素总变化等于各部门变化之和，即 $\Delta K = \Delta K_1 + \Delta K_2$，$\Delta L = \Delta L_1 + \Delta L_2$，则式（3-43）变成：

$$\Delta Y = P_{k1}\Delta K^P + P_{l1}\Delta L^P + \frac{\alpha}{1+\alpha}P_{k2}\Delta K_2^P + \frac{\beta}{1+\beta}P_{l2}\Delta L_2^P + $$
$$G_{k1}\Delta K^G + G_{l1}\Delta L^G + \frac{\delta}{1+\delta}G_{k2}\Delta K_2^G + \frac{\mu}{1+\mu}G_{l2}\Delta L_2^G + \qquad (3-44)$$
$$P_{k1}\Delta K^G + \gamma P_{k1}\Delta K_2^G$$

结合式（3-38）和式（3-39），式（3-44）变换为：

$$\Delta Y = P_{k1}\Delta K^P + P_{l1}\Delta L^P + \frac{\alpha}{1+\alpha}\Delta Y_2^P + \left(\frac{\beta}{1+\beta} - \frac{\alpha}{1+\alpha}\right)P_{l2}\Delta L_2^P $$
$$G_{k1}\Delta K^G + G_{l1}\Delta L^G + \frac{\delta}{1+\delta}\Delta Y_2^G + \left(\frac{\mu}{1+\mu} - \frac{\delta}{1+\delta}\right)G_{l2}\Delta L_2^G + $$
$$P_{k1}\Delta K^G + \frac{\gamma - \alpha}{1+\alpha}P_{k1}\Delta K_2^G \qquad (3-45)$$

式（3-44）、式（3-45）从一般意义上解释了资本、劳动等要素资源在各部门之间转移对产出结构的影响情形。由式（3-45）可知，当

$\delta = \mu = \alpha = \beta = 0$ 时,各部门各产业的边际资本生产率、边际劳动生产率相等,即为二元经济增长模型。当不同产业间生产效率存在差异时,即 $\delta, \mu, \alpha, \beta$ 等系数不同时为 0 时,这种情形与现实较为相符,则可以看出,劳动、资本等要素资源在产业间的流动会对总产出产生影响。根据式 (3-44)、式 (3-45),在此将要素资源流动的影响作用分解为如下三个部分:

$$\frac{\alpha}{1+\alpha}\Delta Y_2^P + \left(\frac{\beta}{1+\beta} - \frac{\alpha}{1+\alpha}\right) P_{l2}\Delta L_2^P \qquad (3-46)$$

$$\gamma P_{k1}\Delta K_2^G \qquad (3-47)$$

$$\frac{\delta}{1+\delta}\Delta Y_2^G + \left(\frac{\mu}{1+\mu} - \frac{\delta}{1+\delta}\right) G_{l2}\Delta L_2^G \qquad (3-48)$$

式 (3-46) 衡量了资本要素、劳动要素在民间私人部门各产业间的流动,如果 $\alpha > 0, \beta > 0$,那么民间私人部门的资本、劳动要素由产业 1 向产业 2 转移,就会导致 ΔY 的增加,因此产生正的结构效应;反之,如果 $\alpha < 0, \beta < 0$,民间私人部门的资本要素与劳动要素流动转移则会对产出产生负的结构效应。这种影响效应的大小可表示为:

$$\frac{\alpha}{1+\alpha}P_{k2}dK_2^P + \frac{\beta}{1+\beta}P_{l2}dL_2^P \qquad (3-49)$$

其中,dK_2^P 表示民间私人部门的要素资本从产业 1 转移到产业 2 的量,dL_2^P 代表民间私人部门要素劳动从产业 1 转移到产业 2 的量。

公共部门对民间私人部门的间接外溢作用主要由式 (3-47) 体现,当公共部门资本要素从产业 1 转移到产业 2 时,则会对经济增长产生影响,这种影响效应大小为:

$$\gamma P_{k1}dK_2^G \qquad (3-50)$$

其中,dK_2^G 表示公共部门的资本要素由产业 1 向产业 2 转移的量;若 $\gamma > 0$,那么式 (3-50) 为正值,这就表明了公共部门的资本由低层级产业 1 向高层次产业 2 的转移流动对民间私人部门产生的外溢效应促进了经济增长,产生正的结构效应;反之,若 $\gamma < 0$,则公共部门的资本转移对民间私人部门产生的外溢效应则会对经济增长产生负的结构效应。

由以上分析可知，民间私人部门对产业结构的作用机制由直接效应机制与间接外溢效应机制两个方面组成。其中，直接效应是指民间私人部门通过自身的资源配置活动直接影响产出结构变化，从而导致产业结构发生变动；间接外溢效应机制则是指民间私人部门因受到公共部门的外溢作用而对产业结构产生影响。在市场经济条件下，民营企业对某个新兴产业进行投资，影响到各产业资源的配置，从而影响到产业结构升级。

另外，式（3-48）衡量了公共部门资本要素、劳动要素在各产业间的流动情况，若 $\delta > 0, \mu > 0$，则公共部门的资本、劳动等要素由产业1转移到产业2，导致 ΔY 的增加，从而产生正的结构效应；反之，则会产生负的结构效应。这种影响效应的大小为：

$$\frac{\delta}{1+\delta}G_{k2}\mathrm{d}K_2^G + \frac{\mu}{1+\mu}G_{l2}\mathrm{d}L_2^G \qquad (3-51)$$

其中，$\mathrm{d}K_2^G$ 表示公共部门的资本要素从1产业向2产业转移的量；$\mathrm{d}L_2^G$ 表示公共部门的劳动要素由1产业向2产业转移的量。

由此可见，公共部门可以通过自身的资源配置活动影响产业结构变化。这与现有研究结论相一致[222][224][225][226]（郭小东等，2009；杨大楷等，2009；张宏霞，2010；Amiri 等，2013）。另外，也有学者认为公共投资对民间投资存在挤出效应，如 Cebula（1994），Sarah（2006）、辜胜阻（2009）、韩仁月等（2009）、李国璋等（2009）等[227][228][229][230][231]。

综上可知，民间私人部门对产业结构的作用机制包括直接效应机制与间接外溢效应机制。直接效应机制表现为，当不同产业间存在生产效率差异时，民间私人部门的劳动力、资本等要素资源会在传统产业部门与现代产业部门之间流动，特别是当现代产业部门的要素边际生产率大于传统产业部门的要素边际生产率时，劳动力、资本等要素资源会从传统产业部门向现代产业部门流动，产生正向结构效应，促进产业结构升级；间接外溢效应机制表现为，民间私人部门因受到公共部门的外溢作用而对产业结构产生影响。

3.4 民间投资对产业结构升级的影响效应

3.4.1 民间投资对产业结构升级影响的结构效应分析

一般而言，产业结构升级是一个系统的工程，具有内在的结构复杂性以及外在的表征多元性，从"投入—产出效率"产业经济学的分析逻辑出发，其深刻内涵可包括"劳动力水平产业结构升级""产出水平产业结构升级"以及"效率水平产业结构升级"三个子结构。因此，下面将对这三个方面展开，分析民间投资产业结构升级效应的结构效应。

（1）民间投资对劳动力水平产业结构升级的影响分析

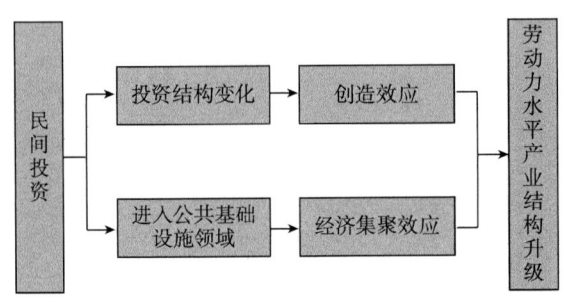

图3-1　民间投资对劳动力水平产业结构升级影响的理论逻辑

从要素积累的角度看，民间投资通过其自身投资规模与投资结构变化两个渠道影响经济体中劳动力要素在不同产业部门的配置与再配置，进而影响劳动力要素在不同产业之间的流动与积累情形，最终对劳动力水平产业结构升级产生影响。民间投资对劳动力水平产业结构升级的影响效应主要表现为创造效应与经济集聚效应（见图3-1）。其中，创造效应是指投资可以直接创造新的劳动力就业，投资的结构变化导致劳动力在产业之间的流动。从理论说，民营企业对于不同产业的投资规模一般存在差异，导致生产要素在不同产业的积累程度不同，从而导致劳动力水平产业结构变动。在市场机制下，一般来说，民间投资相对于国有投资具有灵活性与效率性，由于第二产业与第三产业的利润率较高，因此在政策放松的情形下

3 我国民间投资产业结构升级效应的理论分析框架

民间投资会争相进入第二、第三产业，从而带动劳动力向第二、第三产业转移，促进了劳动力水平产业结构升级。例如，近年来民间投资陆续进入教育行业，一方面可以直接增加教育行业的固定资本，吸收劳动力；另一方面，公共教育发展可以增加社会人力资本，带动并创造相关高层次产业部门的劳动力就业，促使要素劳动向高层次产业集聚，增进了劳动力水平的产业结构升级。民间投资对劳动力水平产业结构升级影响的经济集聚效应主要体现为民间投资进入公共基础设施等领域引起的经济集聚效应。2010年的"新36条"明确提出鼓励并支持民间投资进入基础设施等领域，由此可以预期，随着我国民间投资的不断进入，区域公共基础设施会取得快速发展，从而可以形成区域性的整体竞争优势，这将会大大降低市场交易成本，进而吸引更多的企业进驻；在劳动力可以自由流动的情况下，劳动力会自由地跨区域流动，且公共基础设施服务水平相对较高的地方，越容易吸引劳动力流入，要素劳动力的流入使得本地区的市场势力不断增强，产业集聚效应会越加明显。例如，全国各一线、二线城市的高新区建设中，民间投资的进入大大吸引了高新技术企业的进驻，导致劳动力不断流入，形成了显著的经济集聚效应，同时伴随着劳动力不断流入高新技术产业，劳动力水平的产业结构也实现了不断升级。

(2) 民间投资对产出水平产业结构升级的影响分析

从理论上说，民间投资对产出水平产业结构升级的影响逻辑其实是民间投资以直接方式、间接方式作用于产业结构升级的影响因素，从而对产出水平产业结构升级发生影响。从表现形式看，民间投资作用于产业结构升级影响因素的过程中会导致要素资源在不同产业部门的转移流动和再配置，从而导致产业结构变动升级。总体来看，民间投资对产业结构升级的影响主要表现在需求效应、资本积累效应以及产业关联效应等方面（见图3-2）。

民间投资行为影响产业结构升级的直接渠道即需求效应。一方面，民间投资可以直接形成投资需求，引起资源在不同部门之间配置，从而直接影响总需求结构与规模；另一方面，在投资乘数的作用下，民间投资可以

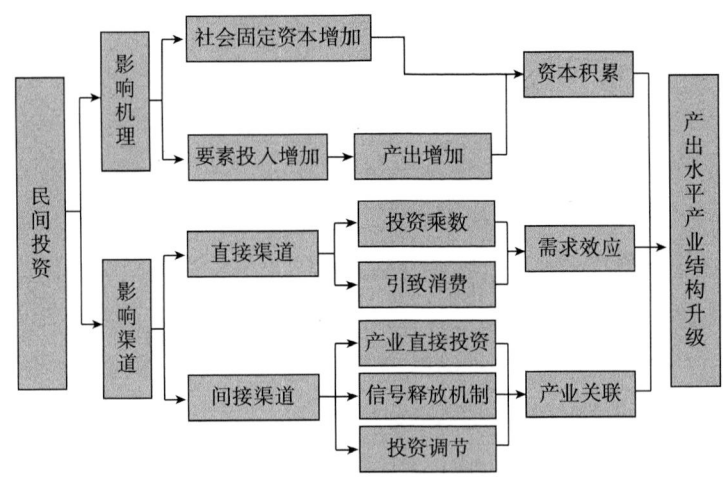

图3-2 民间投资对产出水平产业结构升级影响的传导机制

形成数倍规模的消费需求，从而也导致总需求规模以及结构的变化。特别地，民营高新技术企业的发展，创造出了大量高新技术产品，这些高新技术产品则可以引发市场消费者的潜在需求，促进市场需求结构的不断高级化，进而促进整体产业结构优化升级。

民间投资的产出水平产业结构升级效应作用途径主要是资本积累效应。一般来说，民间投资行为影响产业结构升级的机理是：投资—资金流量结构变化—生产要素分配结构变化—资本存量积累结构变化—影响产业结构变动，其中关键在于民间投资可以影响生产要素分配结构变动。在市场机制的作用下，民营企业将资金投资于不同收益率的产业之间，资金可以实现在各产业部门之间高速流动，资金总向着收益率高的部门流动，由此资金配置状态达到最佳，高附加值、高利润率的产业获得快速发展，从而促进产业结构优化调整。民间投资影响产业结构升级的资本积累效应主要表现在以下两个方面。一方面，民间投资本身就是要素资本投入的形式，民间投资的投入会形成固定资本，因此其增加必然会导致社会固定资产资本增加，改变原有的资本配置结构，并能够提高产业产出效率，从而可使产业结构演进升级；另一方面，民间投资以公私合作模式（PPP）进入基础设施建设，可以促使基础设施更加完善，降低了市场交易成本，这会导致企业利润率的提高,并能够促进企业进行投资扩大再生产,从而可以引起全社会劳动、资本等要素资源的配置状态变化,即引起社会资本原有的积累结构状态变化,进而引起产业结构变动升级。

民间投资行为影响产业结构升级的主要间接效应为产业关联效应。从总需求角度讲,投资是经济增长以及产业结构形成最为直接的推动力,这主要是因为投资直接导致要素资源在不同产业部门间的配置与再配置。投资与产业结构的关系逻辑是,当前的产业结构主要是由前期的投资结构导致的,因而当前的投资结构会对当前产业结构发生作用,对未来的产业结构产生重大影响。因此,投资结构的动态变化对于产业结构动态演进具有深刻的影响。首先,民营企业对于一个产业的直接民间投资,最直接的效应是推动相关产业的协同发展,例如,民间投资不断地进入交通、教育、基础设施等领域,在前向关联效应、后向关联效应的作用下,民间投资可以促进该产业上下游行业的发展。其次,民间投资为优化其投资结构进入了某些高新技术产业,可以给市场释放一种这些产业前景不错的信号机制,从而会带动更多的民间投资进入这些产业,从而使得高新技术产业得以迅速发展。最后,民间投资现已成为区域全社会投资的重要成分,甚至占据主体地位,因此,民间投资在市场主导资源配置机制下,其投资结构变化发挥着自由灵活调节区域产业结构的作用。

(3) 民间投资对效率水平产业结构升级的影响分析

民间投资对效率水平产业结构升级影响的中介效应包括市场竞争效应与资金配置效应(见图3-3)。首先,在市场经济机制下,民间投资可以公平地与国有投资等竞争,挤出市场中的低效率投资,促使整个经济体运行效率的提升与产业的升级,即竞争效应;其次,生产要素在市场竞争机制主导下可以自主地流动,民间投资可以自由地在利润最大化的原则下进行决策,资源会尽可能向最优配置状态逼近,经济产业运行效率不断提高;最后,在竞争效应的作用下,市场倒逼民营企业必须对研发、新技术应用等方面进行大幅投资,发明专利新技术,专注于提升自身自主创新,提高自身核心竞争力,从而促进了高效企业快速发展,淘汰了劣质企业,提升了相关经济效率。

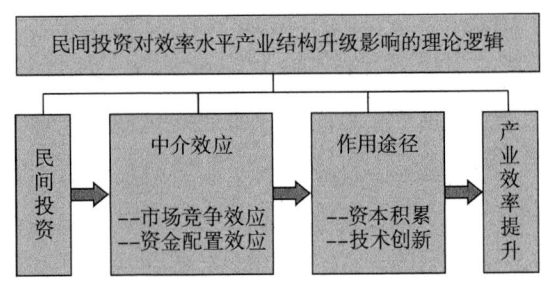

图3-3 民间投资影响效率水平产业结构升级的机理

民间投资对效率水平产业结构升级影响的作用渠道主要表现为资本积累效应与技术创新效应。其中，资本积累效应主要是指在国家不断推进战略高新技术产业发展的背景下，民间投资会逐步投向高技术密集型、高知识密集型新兴产业等战略高新技术产业，如此可以增加高技术产业的资本积累，推动高技术产业快速发展，从而提高整个经济的运行效率，促进效率水平产业结构升级。例如，在我国大力推进互联网业发展的背景下，民间投资曾经不断进入互联网行业，使得互联网迅速普及，逐渐应用到各个行业，从而提高了整个经济体的效率。在技术创新效应方面，一方面，民间投资可以提升人力资本以及技术水平，例如，民间投资对教育行业的投资能够提高全社会劳动者技能与素质，进而提升人力资本水平；还有民间投资研发投入的增加可以提高技术创新，促进技术进步，从而能够影响产业结构变动升级（Heckman 和 Yi，2012；Hanushek，2013）[232-233]。另一方面，民间投资进入高新技术产业，能够吸引高素质以及高层次人才加入，形成良性螺旋上升发展，从而可以加快区域技术创新（郭晔、赖章福，2011）[234]。同时，在市场竞争机制下，民间投资具有不断地优化自身投资行为的特性，市场竞争机制会促使民间投资主体必须加大研发力度推动新技术创新，扩大市场占有率。可见，民间投资自身以及进入科技、教育、文化等行业的行为可以促进技术创新，而技术创新一方面促进了技术水平提高，提升传统产业的效率水平；另一方面也会催生新的产业及产业链形成，从而优化产业的投入—产出技术关系，促进效率水平的产业结构升级。

3.4.2 民间投资对产业结构升级影响的综合效应分析

根据前文分析可知，民间投资对劳动力水平、产出水平以及效率水平产业结构升级会产生影响。首先，民间投资可以直接增加就业，且着眼于未来的民间投资以公私结合模式进入公共基础设施的规模会越来越大，因此民间投资通过创造效应和经济集聚效应作用于劳动力水平的产业结构升级。其次，从影响机理上看，民间投资能够形成资本积累作用于产出水平产业结构；从作用渠道上看，民间投资能够通过直接渠道与间接渠道两个渠道影响产出水平的产业结构升级，直接渠道表现为需求效应，间接渠道则表现为产业关联效应，因此，民间投资可以直接形成总需求效应，也可以通过产业关联效应引致产出水平产业结构变动。最后，民间投资主要通过资本积累效应与技术创新效应对效率水平产业结构产生影响。然而，产业结构是一个复杂的综合概念，从劳动力水平产业结构升级、产出水平产业结构升级以及效率水平产业结构升级三个方面仅仅反映了产业结构升级的某个或某方面的侧面，考察民间投资对劳动力水平、产出水平以及效率水平产业结构的分别影响只是研究了民间投资对产业结构内部影响的结构效应，而事实上，三个子结构效应之间是一种相互依存、相互补充的关系，综合三种子结构效应，即民间投资对产业结构升级的综合影响效应（见图3-4）。值得说明的是，对于民间投资的产业结构升级综合效应，必须从系统观和综合观出发，从劳动力水平、产出水平以及效率水平角度，全方位科学设计相关反映产业结构升级的衡量指标，形成相对完备的能够反映产业结构升级的指标体系，并在此基础上，利用统计学的因子分析法构建产业结构升级综合指数，以深入量化考察民间投资对产业结构升级的综合影响效应（详见后续第6章相关内容）。

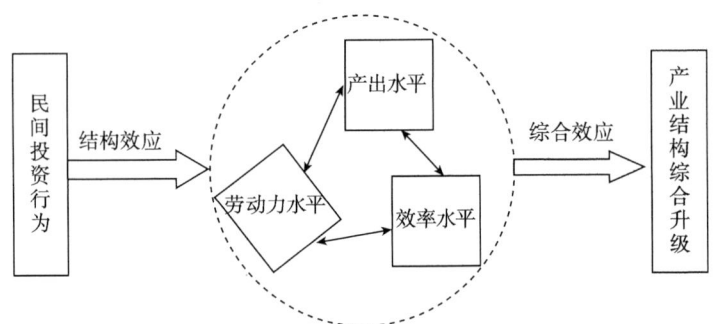

图3－4　民间投资行为的产业结构综合升级效应

3.5　本书的理论假设与研究程序设计

本书基于规范研究和实证分析相结合的研究方法对我国民间投资的产业结构升级效应问题进行研究分析，在此将为后续研究建立合理的理论假设，并设计科学的研究程序路径。本节第一部分将在已有核心相关概念的基础上，依据相关理论研究成果，建立我国民间投资的产业结构升级效应问题研究的理论假设；第二部分系统介绍实证部分的具体步骤规划。

3.5.1　理论假设

本书旨在从考察我国民间投资与产业结构升级的运行特征与发展演变出发，通过数理推演法、理论分析与规范分析相结合的方法深入剖析民间投资对产业结构升级的传导机理与影响效应，揭示民间投资对产业结构升级影响的结构效应与综合效应。据此，本书提出如下理论假设：其一，民间投资主要通过创造效应与经济集聚效应促进劳动力水平产业结构优化；其二，民间投资通过需求效应、资本积累效应以及产业关联效应对产出水平产业结构升级产生作用影响；其三，民间投资可以通过资本积累以及技术创新作用渠道促进产业技术进步以及产品创新，进而可以促进效率水平产业结构升级。其中，民间投资对效率水平产业结构升级影响的中介效应包括市场竞争效应与资金配置效应。同时，本书认为上述三个子结构效应之间是一种相互依存、相互补充的关系，综合三种子结构效应，即为民间投资对产业结构升级的综合影响效应。本书将在实证部分对上述理论假设予以验证。

3.5.2 研究程序设计

学术界鲜有民间投资产业结构升级效应方面的理论成果，现有的文献大多集中于民间投资自身发展方面以及局部区域两者关系的定性分析。为了深刻揭示民间投资产业结构升级效应的内在机理、结构效应以及综合效应，本书作了如下安排：第一，本书沿着"理论框架—特征分析—实证检验—政策建议"的逻辑，基于结构主义增长理论，运用动态最优化方法深刻分析民间投资进入壁垒因素以及民间投资对产业结构升级的作用机制。同时，着重分析民间投资对产业结构升级影响的结构效应与综合效应；第二，应用历史分析法、相平面图分析法、分析归纳法等方法剖析了民间投资的运行特征，并对产业结构的发展演进路径进行了深入分析；第三，应用前沿的计量分析方法实证检验民间投资产业结构升级效应的结构效应，深入检验了民间投资对劳动力水平、产出水平以及效率水平产业结构升级的影响效应；第四，从劳动力水平、产出水平以及效率水平多维度构建了全面反映产业结构升级的指标体系，并借助因子分析法建立了产业结构升级指数。并在此基础上，以历年省际数据为研究样本，利用动态 GMM 法进行实证检验分析。在整个理论分析和实证检验的基础上，本书提出了符合当前中国民间投资发展推动产业结构优化升级的政策建议。

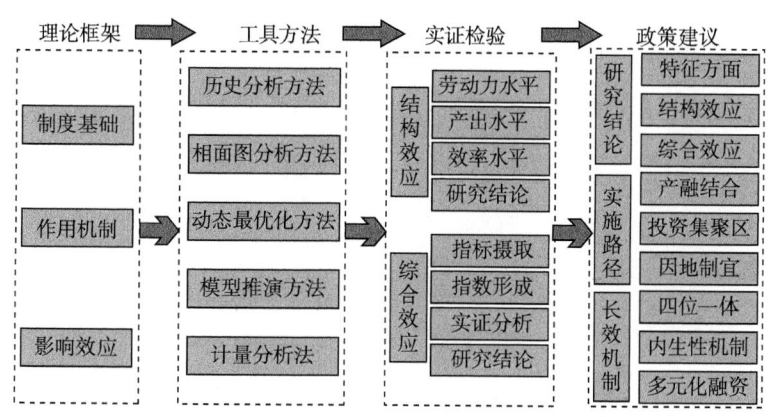

图 3-5　民间投资产业结构升级效应问题研究的程序设计

3.6 本章小结

本章从理论上构建了民间投资对产业结构升级影响的逻辑分析框架。首先，着重对我国民间投资影响产业结构升级的制度基础进行了论述和说明，主要包括基本经济制度与市场经济体制；其次，论述和论证了我国民间投资的发展演变事实、主要进入壁垒因素以及我国民间投资对经济发展的作用；最后，基于单部门与双部门两个视角，在分析民间投资影响产业结构升级用机制的基础上，揭示了民间投资对产业结构升级的影响效应，即结构效应与综合效应，具体来看，揭示了民间投资主要通过资本积累、需求效应、经济集聚、竞争效应、产业关联、技术进步、调节效应、综合效应等对产业结构升级发挥的作用。由此构建了本书的理论分析框架，如图3-6所示。

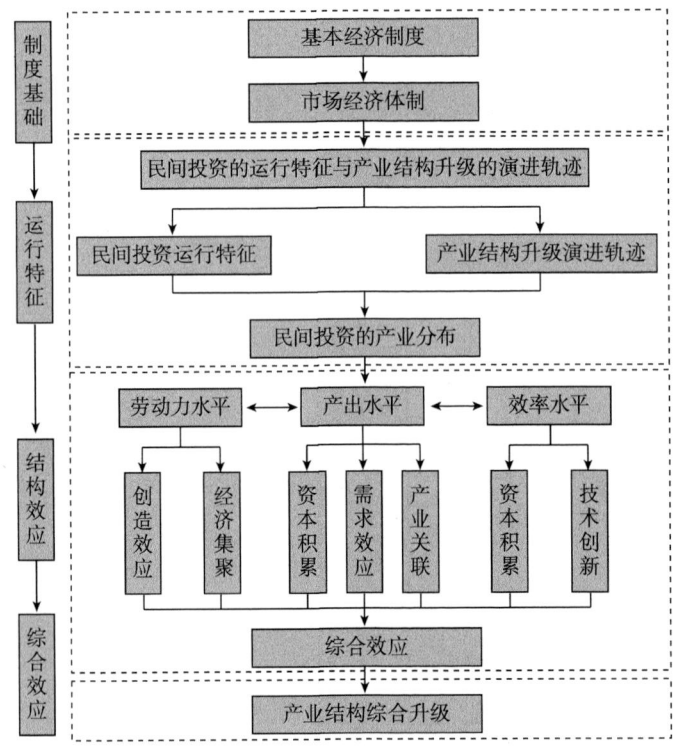

图3-6 民间投资产业结构升级效应的理论分析框架

4 我国民间投资运行特征与产业结构升级演进轨迹

4.1 我国民间投资的运行特征

4.1.1 民间投资总量发展的特征剖析

从总量规模上看，我国民间投资保持着高速增长，从1995年的6892.14亿元增长到2014年的364028.4亿元，增长了52.82倍（见图4-1）；同时可以看出，自2005年以来，民间投资进入了一个相对加速增长的阶段，2005—2014年，民间投资的年平均增长率达24.49%，这主要是因为在2005年与2010年促进民间投资发展的"旧36条"与"新36条"顺序发布，民间投资在利好政策的充分刺激下得以快速发展壮大。

从民间投资占全社会固定资产投资总量的比重看，1995年民间投资占比仅为34.43%，远小于同期国有经济投资占比54.44%；但随着民间投资的快速发展，2002年民间投资规模首次超过国有经济投资规模，并且此后一直保持着高于国有经济投资的速度增长，到2014年时，民间投资占比高达71.10%，而国有经济投资占比已缩小为24.41%。可见，民间投资现已成为全部社会总投资的主要力量。

从民间投资增速看，1995—2014年，我国民间投资的年平均增长率为23.22%，而同期我国国有经济投资年平均增长率仅为13.70%。可见，考察期内，民间投资年平均增长率远高于国有投资增长率；从直观上也可以看出，在大多数年份，民间投资增速曲线均位于国有经济投资增速曲线之

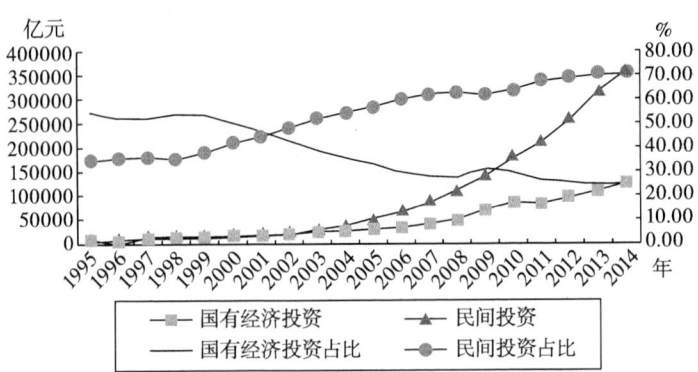

图 4-1 民间投资与国有经济投资规模及其占比时间序列趋势图（1995—2014 年）

上，民间投资增速一直大于国有经济投资增速（见图 4-2）。分阶段看，1995—1997 年，受国家政策的影响，民间投资、国有经济投资以及全社会投资骤然直行下降；随后亚洲金融危机爆发，为不受其影响，我国政府调整经济政策，采取宽松的货币政策，使得我国国有投资增速在 1998 年出现大幅增长，全社会投资与民间投资增速也出现了不同程度的增长，但而后的 1999 年，我国各项投资增速出现转折，开始大幅下滑。其中国有经济投资增速下降最为强烈，从 17.40% 降为 3.76%；2000—2008 年，民间投资、国有经济投资以及全社会投资增速基本保持着稳步上涨趋势，其中，民间投资增速在 2003 年出现波峰，增速高达 36.96%；2008 年，全球发生金融危机，国家再次采取积极的经济政策，出台"4 万亿"投资计划，由于其主要投向了国有经济部门，国有经济投资增速出现巨幅增长，2009 年国有经济投资增速高达 43.09%，随后的两年国有经济投资增速骤然下滑，2011 年国有经济投资增速甚至出现了负值；2009 年以来，受国际金融危机影响，民间投资增速也出现较大程度的下降，且也在 2011 年降至近期最低点，即使随后的 2012 年、2013 年出现小幅回升，但 2014 年民间投资增速再次掉头下行，仅为 15.83%。

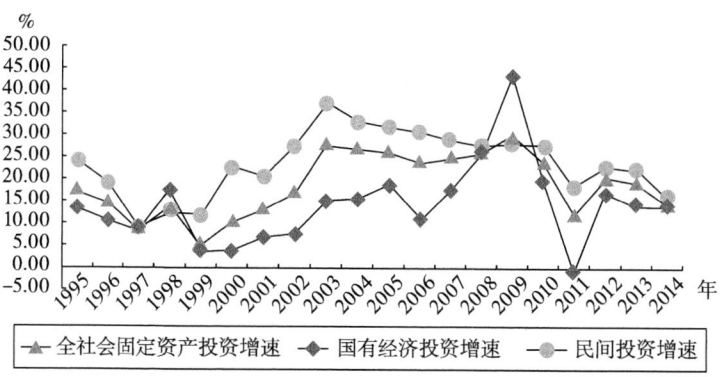

图4-2 民间投资、国有经济投资以及全社会固定资产投资增速趋势图（1995—2014年）

4.1.2 民间投资结构变化的多维度考察

此处将从区域结构、所有制主体结构以及行业结构三个维度对我国民间投资的发展进行考察，以深入探究我国民间投资发展不同维度上的结构变化特征。

（1）民间投资的区域结构考察

结合我国经济发展水平和地理因素的差异，依据国家统计局对我国东部、中部、西部的划分，将全国31省份划分为东部、中部、西部三个地区进行研究。具体来看，东部地区共计11个省份，包括北京市、上海市、天津市、浙江省、江苏省、山东省、福建省、辽宁省、河北省、海南省和广东省；中部地区共计8个省份，包括安徽省、河南省、山西省、江西省、湖北省、湖南省、吉林省和黑龙江省；西部地区共计12个省市，包括四川省、重庆市、云南省、广西壮族自治区、贵州省、西藏自治区、陕西省、甘肃省、青海省、宁夏回族自治区、新疆维吾尔自治区和内蒙古自治区。此处将对东部、中部、西部地区以及全国民间投资的总量、增长速度、民间投资占总投资份额等指标进行对比，直观地分析东、中、西部民间投资区域结构特征。

①全国、东部、中部及西部地区民间投资总额比较

利用Originpro 8 软件绘制各地区1995—2014民间投资额 B-Spline 数

据修匀图（见图4-3）。可以发现，全国、东部、中部及西部地区民间投资总额呈现出明显的先稳步增长后急剧增长态势。特别是东部地区民间投资额一直遥遥领先，1995—2014年东部地区的民间投资额均超过了中西部地区的民间投资总额。1995年，东部地区民间投资额为4752.57亿元，是中部地区的3.89倍、西部地区的5.17倍；而2014年，东部地区民间投资额为173208.9亿元，是中部地区的1.55倍、西部地区的2.18倍，由此可知，随着近年来我国市场化进程的加快以及经济的高速发展，中西部与东部地区的民间投资总量规模差距减小。同时，1995—2014年，东、中、西部民间投资增长倍数分别为36.45、91.28、86.35，而全国民间投资增长倍数为52.82。可见，我国中西部地区的民间投资发展比东部地区更快，且大于整体的平均值，而东部地区民间投资虽具有总量优势，但增长步伐落后于全国平均水平。同时，随着中西部民营经济的加速发展、民间投资增长步伐的加快，东部地区民间投资相对于中西部所具有的这种总量优势在逐渐减小。

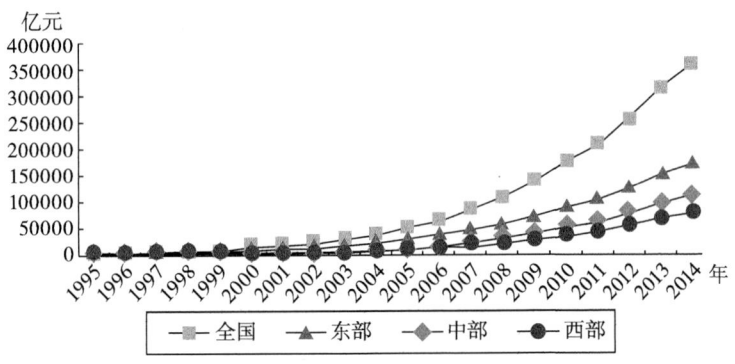

图4-3　全国、东部、中部及西部地区民间投资规模时序图（1995—2014年）
资料来源：《中国统计年鉴》（1996—2015），笔者整理而得。

②全国、东部、中部及西部地区民间投资增速比较

1995—2014年，全国民间投资平均增长速度（即年均增长率）为23.22%，东部地区平均增长速度为20.83%，中部地区平均增长速度为26.82%，西部地区平均增长速度为26.45%。由表4-1可以看出，西部

地区在全部投资和国有投资的平均增速都排名第一，而中部地区的民间投资是三个地区中增速最快的。1995—2014年，我国东、中、西部民间投资增速均有不同程度的波动（见图4-4），总体来看，它们均呈现先降后升再降的"类草帽"形态。具体看来，中部民间投资的波动幅度最大，东部次之，西部波动幅度最小。但在1998—2001年期间，西部地区民间投资增长率高于东部和中部地区，2004—2010年，中部地区民间投资增长率最高，西部次之，东部最低；2010年以来，西部地区民间投资增长率波动较小，且高于东中部民间投资增长率。

表4-1 1995—2014各地区及全国平均增长速度

地区	平均增长速度/%			民间投资高于全部投资百分点	民间投资高于国有投资百分点
	民间投资	全部投资	国有投资		
东部	20.83	16.66	10.84	4.17	9.99
中部	26.82	20.89	14.29	5.93	12.53
西部	26.45	21.80	18.08	4.65	8.37
全国	23.22	18.60	13.70	4.62	9.52

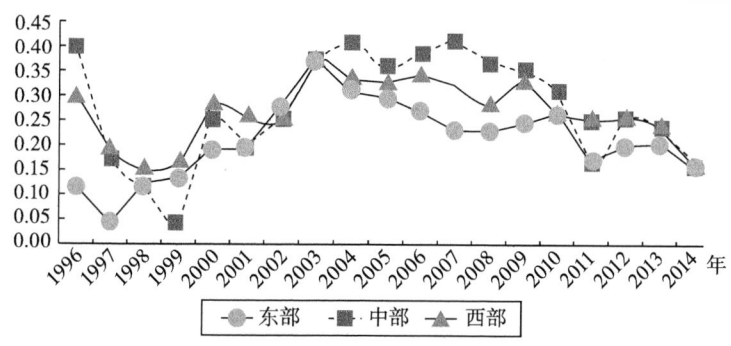

图4-4 东部、中部及西部地区民间投资历年增速时序图（1996—2014年）
资料来源：《中国统计年鉴》（1997—2015），笔者整理而得。

③全国、东部、中部及西部地区民间投资的比重结构与区域结构比较

从比重结构上看，全国和各地区民间投资占全部投资的比例呈不断上升态势，但存在区域差异。1995—2014年，全国民间投资占全部投资的比重从34.4%增长到71.1%，增长了36.7个百分点；其中，东部地区和中部地区的民间投资占全部投资比重增幅较大，分别增长36.5个百分点、45.8个百分

点，而西部地区上升的程度最小，仅增长 31.3 个百分点（见表 4-2）。受 1998 年亚洲金融危机和 2008 年美国次贷危机的影响，1998 年和 2009 年，西部地区、中部地区和全国总体民间投资占全部投资的比例有小幅下降，且西部地区下降最多，这说明西部地区民营经济和民间投资发展的稳定性及抗风险能力有待增强；而东部地区这一指标近年来一直稳步上升，这说明东部地区 20 多年的民营经济积累使其具备了一定的抗击外部风险的能力。

表 4-2　1995-2012 年全国及各地区民间投资占全部投资的比例　（％）

年份	1995	1996	1997	1998	1999	2000	2001	2002	2003	2004
全国	34.4	35.7	35.9	35.4	37.7	41.9	44.6	48.7	52.2	54.6
东部	38.4	38.4	37.5	37.9	40.6	44.7	47.8	52.8	54.6	56.8
中部	30.8	35.5	37.7	36.9	37.3	41.2	43.2	46.9	51.3	55.4
西部	30.2	32.9	34.5	32.3	35.1	39.8	42.6	44.8	48.3	50.6
年份	2005	2006	2007	2008	2009	2010	2011	2012	2013	2014
全国	57.1	60.2	62.1	62.9	62.1	63.9	67.5	68.8	70.4	71.1
东部	59.7	62.4	64.1	64.9	65.6	67.6	70.6	72.0	73.7	74.9
中部	58.0	61.2	64.9	66.8	66.7	68.7	72.2	73.3	75.4	76.6
西部	52.4	56.3	57.8	58.2	55.9	56.7	60.9	61.8	62.2	61.5

资料来源：《中国统计年鉴》（1996—2015），笔者整理而得。

从区域结构上看，东部地区的民间投资占比最高，是民间投资集聚的主要阵营，且在 2011 年以前一直维持在 50% 以上，但总体处于不断下降的态势，2014 年该比重为 47.58%；西部地区比重最小，微幅波动中总体呈上升趋势，但增长幅度小于中部地区（见图 4-5）。为了排除微幅波动的干扰，分析比重变化的总体趋势，依据阶段性变动趋势，将 1995—2014 年分为四个阶段，1995—2000 年为第一阶段，2001—2004 为第二阶段，2005—2009 为第三阶段，2010—2014 年为第四阶段，计算第一阶段和第四阶段各地区民间投资占全国民间投资比例的平均值，并将两个数据相减，得到各地区民间投资比重的相对变化量。依照这一方法计算可得，东部地区第四阶段比重比第一阶段降低 14.57 个百分点，中部地区第四阶段比重比第一阶段上升 9.37 个百分点，西部地区第四阶段比重比第一阶段上升

5.34个百分点。可见,随着产业转移与西部大开发的不断推进,民间投资也逐步向资源丰富、劳动力等要素成本更低的中西部地区发展拓展。

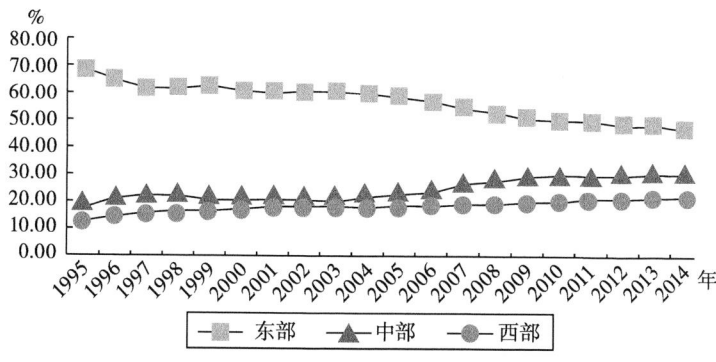

图4-5 各地区民间投资占全国民间投资的比例时序图(1995—2014年)
资料来源:《中国统计年鉴》(1996—2015),笔者整理而得。

(2)民间投资的所有制主体结构考察

从所有制主体层面来看,民间投资的投资主体主要包括集体经济、联营经济、股份制经济、个体经济和其他经济,由于其他经济的数量相较于另外四个投资主体来说非常小,在此采用邱元直(2003)的做法,将其他经济合并到个体经济中,分成四种性质不同的投资主体[73]。

①民间投资所有制主体投资总额的比较

从民间投资所有制主体投资规模上看,我国集体经济、联营经济、股份制经济、个体经济主体投资均保持着增长。其中,集体经济投资从1995年的3289.44亿元增长到2014年的17391.13亿元,增长5.29倍;联营经济投资由1995年的118.48亿元增长到2014年的601.13亿元,增长5.07倍;相对而言,股份制经济与个体经济投资发展迅速,其中,股份制经济投资增长最为猛烈,由1995年的863.99亿元增长到2014年的147422.43亿元,增长170.63倍;个体经济投资由1995年的2620.23亿元增长到2014年的186451.19亿元,增长71.16倍(见图4-6)。同时可见,自2005年以来,股份制经济与个体经济投资进入了一个快速增长阶段,2005—2014年,股份制经济投资的年平均增长率达22.61%,个体经济投资年平均增长率高达 32.37%，这应该也是得益于 2005 年与 2010 年国务院发布的"旧 36 条"与"新 36 条"政策利好。

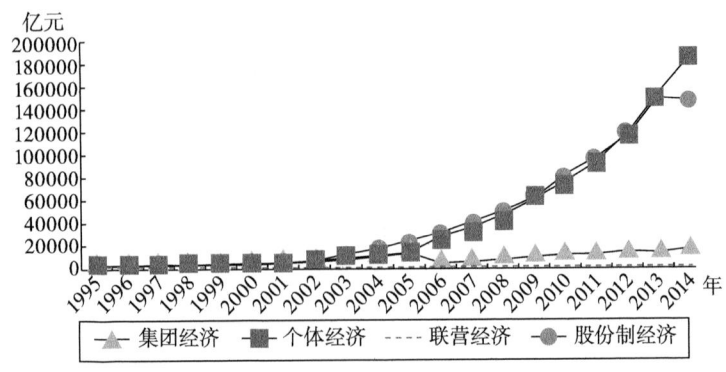

图 4-6　各所有制主体民间投资规模时序图（1995—2014 年）
资料来源：《中国统计年鉴》（1996—2015），笔者整理而得。

②各所有制主体投资占全部民间投资总量比重的比较

从各所有制主体投资占全部民间投资总量的比重看，1995—2014 年，集体经济投资占比是逐步减小的，从 1995 年的 47.73% 降低到 2014 年的 4.78%，特别是 2006 年进行的股权分置改革导致其出现巨幅下降，由 2005 年的 23.62% 下降到 2006 年的 6.68%。个体经济投资占比总体上以股权分置改革为界可以分为两个阶段。第一阶段，1995—2005 年，由于我国经济体制的特殊性，个体经济投资占比总体是逐步下降的；第二阶段，2006—2014 年个体经济投资占比逐步上升，由 2006 年的 40.58% 上升至 2014 年的 51.22%。联营经济投资在考察期（1995—2014 年）内是不断减小的，从 1995 年的 1.72% 降低到 2014 年的 0.17%；股份制经济投资则是渐进不断上升的，由 12.54% 上升至 40.50%，考察期增长高达 27.96%（见表 4-3）。由此可见，随着我国市场化与经济体制改革的推进，20 世纪 90 年代以集体经济投资与个体经济投资为主体的民间投资模式将逐步转换成以股份制经济投资与个体经济投资为主体的民间投资模式，集体经济投资与联营经济投资也会逐渐退出历史舞台。同时，需要指出的是，个体经济投资现已占有民间投资的半壁江山，可以说，个体经济投资已成为我国民间投资的主要力量。

表4-3 1995—2014年各所有制主体投资占全部民间投资总量的比重

(%)

年份	集体经济	个体经济	联营经济	股份制经济
1995	47.73	38.02	1.72	12.54
1996	44.61	41.23	1.55	12.61
1997	43.00	40.14	1.37	15.49
1998	41.66	38.39	0.60	19.35
1999	38.55	38.56	0.87	22.02
2000	34.78	35.12	0.69	29.42
2001	31.78	33.55	0.57	34.10
2002	28.28	31.73	0.65	39.34
2003	27.62	27.82	0.65	43.91
2004	25.90	27.55	0.57	45.99
2005	23.62	29.49	0.45	46.44
2006	6.68	40.58	0.37	47.94
2007	6.53	42.20	0.32	46.81
2008	6.81	42.91	0.23	46.08
2009	6.99	44.06	0.16	44.44
2010	6.52	43.78	0.18	45.45
2011	5.70	43.82	0.24	46.77
2012	5.39	46.06	0.23	45.01
2013	4.24	48.64	0.43	46.69
2014	4.78	51.22	0.17	40.50

资料来源：《中国统计年鉴》（1995—2015）；《中国固定资产投资统计年鉴》（1995—2015）。

③各所有制主体民间投资增速的比较

从各所有制主体民间投资增速看，1995—2014年，我国民间投资的年平均增长率为23.22%，而同期集体经济投资年平均增长9.16%，联营经济投资平均年增长8.92%，个体经济投资年平均增长25.17%，股份制经济投资年平均增长31.06%。由此可见，考察期内，股份制经济与个体经济投资的增长率相比民间投资增长率更高，因此也是民间投资的主要投资主体，集体经济投资与联营经济投资增长率则远远低于民间投资增长率（见图4-7）。值得注意的是，受1998年亚洲金融危机影响，联营经济投资大幅下滑，该年联营经济投资增速大幅降为-50.87%，2013年联营经济投资在宏观经济政策刺激下大幅增长1倍多，增速达133.33%，而在2014年其增速又降为-55.75%；2006年，股权分置改革施行，诸多集体经济形式转变为个体经济，导致该年集体经济投资增速巨幅下降，为-63.08%，同时个体经济投资增速高达79.67%。但总体来看，除以上几个异常年份外，各所有制主体民间投资增速比较平稳。

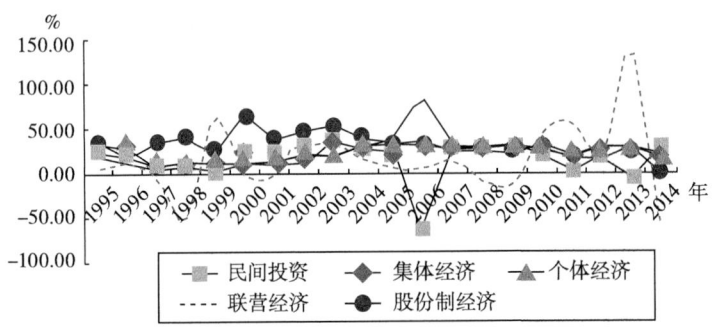

图4-7 各所有制主体民间投资增速时序图（1995—2014年）

资料来源：《中国统计年鉴》（1996—2015），笔者整理而得。

（3）民间投资的行业结构考察

民间投资的主要投资方向与国有投资不同，民间投资在不同行业的规模分布也呈现出较大的差异性。本节将依据行业性质将国民经济划分为三大门类，具体包括一般竞争性行业、自然垄断性行业和公益性行业，并分析民间投资的行业布局情形。

①各行业划分的依据和数据收集

我国国民经济行业分类从1980年前的9个国民经济门类发展到1985年的11个门类，之后改为13个，1993年又增加至16个门类，且各个门类下设置若干个中小门类，1994年对其进行了第一次修订，2002年为第二次修订。2002年修订后增加至20个国民经济大门类，分别是农林牧渔业，制造业，采矿业，电力、热力、燃气及水的生产和供应业，交通运输仓储及邮政业,建筑业,信息传输、计算机服务和软件业,批发与零售业,住宿和餐饮业,房地产业,金融业,租赁与商务服务业,水利、环境和公共设施管理业,科学研究、技术服务和地质勘查业,居民服务和其他服务业,教育、卫生,社会保障和社会福利业,文化、体育和娱乐业,公共管理与社会组织,国际组织。2011 年,对国民经济分类进行第三次修订,修订的主要内容如下:第一,整体行业门类数目不变,调整部分行业名称。例如,把"科学研究、技术服务和地质勘查业"名称变更为"科学研究和技术服务业",把"卫生、社会保障和社会福利业"变更为"卫生和社会工作",把"信息传输、计算机服务和软件业"变更为"信息传输、软件业和信息技术服务业",把"居民服务和其他服务业"变更为"居民服务、修理和其他服务业"。第二,为了与国际市场接轨,反映我国的产业状况,行业大类由 95 个调整为与联合国行业分类相对应的 96 个,具体调整内容包括:将"橡胶制品业"和"塑料制品业"合并为一个大类,减少了"建筑装修业""其他金融活动""城市公共交通业""地质勘查业"四大类,新增了"汽车制造业""开采辅助活动""金属制造""房屋建筑业""互联网和相关服务""机械和设备修理业""机动车、电子产品和日用品修理业"七大类。第三,随着我国娱乐、影视、互联网信息技术等产业的发展,新增了"信息系统集成服务""互联网接入及相关服务""化纤织造及印染精加工"等种类,取消了"纺织制成品制造""猪的饲养"等种类。第四,随着我国新兴产业的发展,同时为了与联合国 ISIC Rev.4 的行业小类转换,我国经济门类小类新增了"葡萄的种植""食用菌种植"和"稻谷种植"等行业。目前,《国民经济行业分类》(GB/T 4754—2011)对我国经济门类的分类比较合理,符合国际惯例,也适应市场经济的发展情况,《中国统计年鉴》就是按照这一标准对数据进行统计并对外公布。

  本节将以三个门类为主要研究对象,分析民间投资的行业结构,具体来看,包括自然垄断性行业、一般竞争性行业和公益性行业。其中,自然垄断性行业是指如果某产业在全部产量范围内的成本次可加,即多家企业生产该产业总成本比一家企业生产整个产业总成本高(Baumol,1982)。

自然垄断性行业的特点是拥有突出的规模经济效应，需要大量资本投入，回收期长。自然垄断性行业主要包括基础设施建设项目，如通信系统、电力供应、铁路运输和供水供气等，其典型特点是需求量大，规模经济效应明显。

相较于自然垄断性行业，一般竞争性行业垄断度较低，供求关系接近完全竞争市场。由于完全竞争市场的供给方和需求方的数量众多，双方均不能影响商品价格，只能接受市场价格；商品具有同质性；信息对供需双方都是完全公开透明的；该市场中的生产要素没有限制，可以自由流动。欲达到完全竞争市场基本是不可能的，大多是垄断竞争，因此可以把一般竞争性行业与垄断度比自然垄断低的其他行业等同。而公益性行业是指不以营利为目的的、主要为社会公众提供服务的行业，如教育、文化、医疗等行业。无论是国内还是西方发达国家，公益性行业的投资主体一般都是国有投资，民间投资的占比较少。

表4-4　国民经济按一般竞争性、自然垄断、公益事业三大门类的归类

一般竞争性行业	自然垄断性行业	公益性行业
农、林、牧、渔业	石油和天然气开采业	科学研究和技术服务业
采矿业	电力、热力、燃气及水生产和供应业	水利、环境和公共设施管理业
制造业	铁路运输业	教育
建筑业	航空运输业	卫生和社会工作
批发和零售业	管道运输业	文化、体育和娱乐业
道路运输业	邮政业	公共管理、社会保障和社会组织
水上运输业	信息传输、软件和信息技术服务业	
装卸搬运和运输代理业	金融业	
仓储业		
住宿和餐饮业		
房地产业		
租赁和商务服务业		
居民服务、修理和其他服务业		

按照以上标准,把采矿业、农林牧渔业、建筑业、制造业、批发零售业、交通运输仓储及邮政业中的公路运输业、水上运输业、装卸搬运和运输代理业以及仓储业、房地产业、住宿和餐饮业、居民服务、租赁和商务服务业、修理和其他服务业等行业归为一般竞争性行业;而把采矿业中的石油和天然气开采业,电力、热力、燃气及水生产和供应业,交通运输仓储及邮政业中的铁路运输业,管道运输业,航空运输业,邮政业,信息传输、软件和信息技术服务业,金融业等行业视为自然垄断性行业。另外,把水利、环境和公共设施管理业,科学研究和技术服务业,卫生和社会工作,教育、文化、体育和娱乐业,公共管理,社会保障和社会组织等行业归为公益性行业(见表4-4)。在此统计2004—2014年我国国有投资和民间投资在自然垄断性行业、一般竞争性行业和公益性行业中的规模,如表4-5、表4-6和表4-7所示。

②民间投资在各行业的明细考察

第一,在一般竞争性行业,民间投资从2004年的16472.83亿元增长到2014年的285049.5亿元,累计增长17.30倍,年均增长33.40%;国有投资从2004年的16436.23亿元增长到2014年的82857.6亿元,累计增长5.04倍,年均增长17.68%,可见,民间投资增长速度约为国有投资的1.89倍(见表4-5)。同时可以看出,2004—2014年,民间投资比国有投资的年增长率更大,其中有几年甚至比国有投资年增长率高2倍。由于民间投资增速更快,此二者的投资规模差异越来越大。2004年民间投资与国有投资的规模相当,但到2014年,民间投资规模是国有投资规模的3.44倍。

表4-5 2004—2014年一般竞争性行业国有投资和民间投资

年份	民间投资/亿元	增长率/%	国有投资/亿元	增长率/%	民间/国有
2004	16472.83		16436.23		1.00
2005	25496.38	54.78	18961.77	15.37	1.34
2006	35269.59	38.33	21641.17	14.13	1.63
2007	48903.35	38.66	25676.09	18.64	1.90
2008	64994.32	32.90	31122.44	21.21	2.09

续表

年份	民间投资/亿元	增长率/%	国有投资/亿元	增长率/%	民间/国有
2009	85492.85	31.54	39987.39	28.48	2.14
2010	113371.7	32.61	48768.7	21.96	2.32
2011	161495.5	42.45	55823	14.46	2.89
2012	200808	24.34	67168.7	20.32	2.99
2013	245251.6	22.13	77187	14.92	3.18
2014	285049.5	16.23	82857.6	7.35	3.44
平均		33.40		17.68	2.27

资料来源：《中国统计年鉴》（2004—2015）；《中国固定资产统计年鉴》（2004—2015）。

综上可以看出，民间投资在一般竞争性行业发展十分迅速，说明一般竞争性行业具备适宜民间投资发展土壤，同时也说明民间投资在该行业具有很强的竞争力。对民间投资在一般竞争性行业的子行业内的分布进一步考察发现，民间投资发展较快的行业包括仓储业、水上运输业、农林牧渔业、租赁和商务服务业、居民服务和其他服务业、采矿业以及制造业等行业。

第二，在自然垄断性行业中，民间投资从2004年的627.493亿元增长到2014年的9933.5亿元，累计增长15.83倍，年均增长33%；国有投资从2004年的8503.15亿元增长到2014年的30373亿元，累计增长3.57倍，年均增长14.38%，可见，民间投资增长速度约为国有投资的2.29倍（见表4-6）。同时可以看出，2004—2014年，民间投资与国有投资的相对规模不断降低，国有投资与民间投资之比由13.55减小到3.06，可见，在2005年"旧36条"以及2010年"新36条"政策的刺激下，民间投资在这10年间得以快速发展，但不得不承认，由于自然垄断性行业以及我国国情的特殊性，国有投资仍是该行业的投资主体。

表 4-6　2004—2014 年自然垄断行业国有投资和民间投资

年份	民间投资/亿元	增长率/%	国有投资/亿元	增长率/%	国有/民间
2004	627.4925		8503.15		13.55
2005	1166.128	85.84%	10453.23	22.93%	8.96
2006	1575.512	35.11%	12590.24	20.44%	7.99
2007	1733.328	10.02%	13550.88	7.63%	7.82
2008	2102.871	21.32%	18084.67	33.46%	8.60
2009	2644.222	25.74%	24586.72	35.95%	9.30
2010	3695.696	39.76%	26314.79	7.03%	7.12
2011	4626.1	25.18%	23877.7	-9.26%	5.16
2012	6024	30.22%	23877.4	0.00%	3.96
2013	7789	29.30%	27116.9	13.57%	3.48
2014	9933.5	27.53%	30373	12.01%	3.06
平均		33.00%		14.38%	7.18

资料来源：《中国统计年鉴》（2004—2015）；《中国固定资产统计年鉴》（2004—2015）。

值得指出的是，在自然垄断性行业中，虽然当前国有投资是民间投资的 3 倍之多，占据主体地位，但可以预期，随着我国市场化改革的不断推进、经济发展水平的提高，以及"新 36 条"政策的全面实施落地，民间投资将在此行业大有作为。通过对民间投资在自然垄断性行业子行业内的发展进一步考察发现，邮政业、金融业、管道运输业、铁路运输业等行业是民间投资发展较快的行业，可以判断在未来几年，民间投资在上述行业中还将继续快速增长。

第三，在公益性行业中，民间投资从 2004 年的 868.60 亿元增长到 2014 年的 22164.8 亿元，累计增长 25.52 倍，年均增长 38.64%；国有投资从 2004 年的 9152.38 亿元增长到 2014 年的 51777.3 亿元，累计增长 5.66 倍，年均增长 19.25%，由此可见，该行业中民间投资平均增长速度为国有投资平均增长速度的 2 倍多。同时，除个别年份外，民间投资增长速度均远大于国有投资的增长速度，因此 2004—2014 年，民间投资与国有投资的相对规模不断减小，国有投资与民间投资之比由 2004 年的 10.54 降到 2.34，由此可见，国有投资在该行业的主体地位在不断削弱，民间投资的地位在逐步上升。值得指出的是，2009 年我国为应对国际金融危机的影响，施行了 4 万亿元的刺激政策，这 4 万亿元资金主要是通过国有企业投向了基础设施公益性行业等领域，因而 2009 年国有投资在公益性行业中年增长率高达 42.11%，为近 10 年年增长率之最，当然在国有投资的带动下，民间投资同年增长也达到了近十年的近峰值（见表 4 - 7）。

表 4 - 7 2004—2014 年公益性行业国有投资和民间投资

单位：亿元

年份	民间投资/亿元	增长率/%	国有投资/亿元	增长率/%	国有/民间
2004	868.60		9152.38		10.54
2005	1368.62	57.57	10678.21	16.67	7.80
2006	1794.08	31.09	12364.3	15.79	6.89
2007	2392.37	33.35	14118.21	14.19	5.90
2008	3503.09	46.43	17347.89	22.88	4.95
2009	5130.47	46.46	24653.66	42.11	4.81
2010	6446.12	25.64	29865.33	21.14	4.63
2011	9794.2	51.94	31004.2	3.81	3.17
2012	12779.2	30.48	36374.5	17.32	2.85
2013	16619.7	30.05	43367.9	19.23	2.61
2014	22164.8	33.36	51777.3	19.39	2.34
平均		38.64		19.25	5.13

资料来源：《中国统计年鉴》（2004—2015）；《中国固定资产统计年鉴》（2004—2015）。

③民间投资的行业分布

我国民间投资主要集中在一般竞争性行业，2004—2014 年，民间投资在一般竞争性行业的比例一直维持在 90% 左右，但近年来略显下降趋势（见表 4 - 8）；民间投资相对较少涉及自然垄断性行业以及公益性行业，自然垄断性行业的比例仅约在 2% ~ 4%，公益性行业的比例相对高一些，约在 4% ~ 7%，且上升迹象明显。这说明民间投资较易进入垄断程度低、利润低、竞争比较激烈的行业，一般竞争性行业成为当前我国初创期民间投资的集聚区；另外也说明当前民间投资尚不具备进入自然垄断性行业以及公益性行业的实力与基础积累，但随着我国市场准入条件的逐步改善、民间投资自身实力的逐步增强稳健，民间投资将会渐进逐步大幅进入自然垄断性行业与公益性行业。

表4-8 民间投资的行业分布结构

(%)

年份	一般竞争性行业	自然垄断性行业	公益性行业
2004	91.67	3.49	4.83
2005	90.96	4.16	4.88
2006	91.28	4.08	4.64
2007	92.22	3.27	4.51
2008	92.06	2.98	4.96
2009	91.66	2.84	5.50
2010	91.79	2.99	5.22
2011	91.80	2.63	5.57
2012	91.44	2.74	5.82
2013	90.95	2.89	6.16
2014	89.88	3.13	6.99

资料来源：《中国统计年鉴》（2004—2015）；《中国固定资产统计年鉴》（2004—2015）。

相对来说，国有投资在自然垄断性行业以及公益性行业的分布比重较大，其中，公益性行业的比例由2004年的26.85%增长到2014年的31.38%，且有不断增大之势；而自然垄断性行业的比例由2004年的24.94%下降到2014年的18.41%。由此可见，国有投资从自然垄断性行业中退出迹象明显；国有投资在一般竞争性行业的比例也较大，2014年其在该行业的比例达到50.21%。值得说明的是，2008年金融危机以来，国有投资在一般竞争性行业中的比例经历了先上升后下降的过程，2008—2012年上升，是因为政府一直强力刺激经济增长，促使国有企业向一般竞争性行业投资，尔后下降属于正常的调整回归。

表 4-9　国有投资的行业分布结构

(%)

年份	一般竞争性行业	自然垄断性行业	公益性行业
2004	48.21	24.94	26.85
2005	47.29	26.07	26.63
2006	46.44	27.02	26.54
2007	48.13	25.40	26.47
2008	46.76	27.17	26.07
2009	44.81	27.56	27.63
2010	46.47	25.07	28.46
2011	50.43	21.57	28.01
2012	52.71	18.74	28.55
2013	52.27	18.36	29.37
2014	50.21	18.41	31.38

资料来源：《中国统计年鉴》(2004—2015)；《中国固定资产统计年鉴》(2004—2015)。

综上可见，民间投资主要集中于一般竞争性行业，这与民间投资的逐利竞争本性因素有关外，我国的体制障碍因素也是重要的影响因素。前文(3.2.2 我国民间投资运行的主要壁垒因素)分析已表明，民间投资进入成本(即行业准入限制因素)与行业垄断因素是民间投资主要集中于一般竞争行业无法进入垄断性行业等的重要因素。另外，鼓励民间投资发展的"新36条"政策的实施落地不充分也是当前民间投资依然大量集中于一般竞争性行业的现实政策因素。

4.1.3　相平面图视角下民间投资动态运行特征

基于民间投资数据的函数性特点，在绘制各地区 1995—2014 民间投资额 B-Spline 数据修匀图的基础上，通过对全国及不同地区民间投资发展特征的动态变化模式进行研究，将全国及各地区的民间投资曲线所对应函数的一阶导数和二阶导数求出，绘制一阶导函数与二阶导函数的关系图，即为相平面图。全国以及东、中、西部地区 1995—2014 年民间投资额 B-Spline 数据修匀图的匀滑程度可保证函数二阶可导，分别绘制出全国、东部、中部及西部地区的相平面图（见图4-8）。

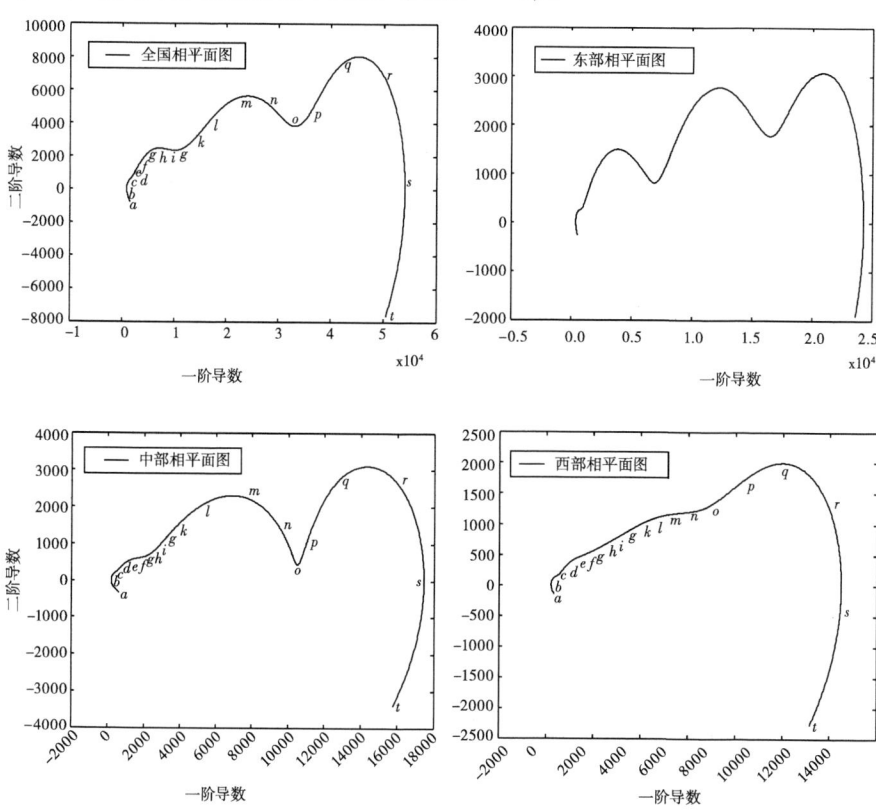

图4-8 全国、东、中、西部地区相平面图

其中，横轴一阶导数，纵轴二阶导数，$\{a, b, \cdots, s, t\}$ 分别表示20个内节点，对应时间1995—2014年（见表4-10）。

表4-10 内节点字母与年份对应表

年份	1995	1996	1997	1998	1999	2000	2001	2002	2003	2004
内节点字母	a	b	c	d	e	f	g	h	i	j
年份	2005	2006	2007	2008	2009	2010	2011	2012	2013	2014
内节点字母	k	l	m	n	o	p	q	r	s	t

民间投资数额曲线的一阶导数和二阶导数可分别类比物理学中的速度和加速度，其大小分别反映了民间投资发展变化的动能和势能，它们的经济意义在于，动能反映民间投资当前的发展能力，而势能反映民间投资未

来的发展潜力，相平面图则可直观地表示这两种能量交替变化的状况。图 4-8 采用了相同的横、纵坐标尺度展示我国东部、中部、西部地区的相平面图，图中曲线上的数字标号为代表年份的内节点字母。

从整体上看，易见全国民间投资曲线所对应函数的一阶导数总体呈不断上升趋势，而二阶导数波动相对复杂。即近年来，全国民间投资的动能总体上不断持续增大，而势能则随着经济环境的变化而变化。1998 年前后，全国民间投资的动能转降为升，势能转负为正，民间投资进入较快发展通道；2005 年，鼓励和引导个体私营等非公有制经济发展的"非公 36 条"政策出台，全国民间投资动能与势能出现快速上升，尤其是势能开始迅速上升；2008 年，世界性金融危机爆发，2008—2009 全国民间投资动能上升放缓，势能呈下降状态，尔后，2010—2011 年在"新 36 条"的政策刺激下，全国及各地区民间投资势能又进入快速上升通道；2012 年以来，我国经济逐步进入新常态时期，经济下行压力较大，民间投资趋于不活跃，2012—2014 全国民间投资动能由上升转为下降，势能则骤然下降，转正为负。从形态上看，中部地区民间投资曲线与全国民间投资曲线最为相近，特别是 2010—2011 年民间投资势能均是急骤上升态势，这主要是因为中部地区对经济政策的反应较为敏感，在"新 36 条"颁布以后，中部地区民间投资势能快速上升，率先带动全国民间投资势能的上升。

分区域看，根据东、中、西部地区相平面图易知，东、中、西部地区民间投资动能与势能的情形相类似，即总体上动能呈不断上升趋势，势能有所波动。1995—1997 年，我国东、中、西部民间投资的动能是不断减小的，而势能均为负值，足见民间投资的生存环境极其恶劣，特别是在中西部，民间投资的动能较小，势能为负，且变化较小，限制民间投资发展的政策壁垒可见一斑；1998 年，东、中、西部民间投资与全国整体的情形相类似，动能转降为升，势能转负为正，且进入较快增长阶段；2002 年前后，中国经济出现了固定资产投资增长过快、信贷增长较快、投资结构不合理、基础价格上涨等问题，因此在这一年，我国东部民间投资的势能转峰回落，中西部地区势能增长放缓，且东、中、西部动能也增长放缓；

2003年下半年，中央采取了提高商业银行存款准备金率，提高钢铁、水泥、电解铝等投资项目自有资金比例，降低出口退税率等措施，2004年固定资产投资增速回落，东、中、西部民间投资也受到了不同程度的影响，投资数额最大的东部地区对政策反应较为敏感，二阶导数反映的势能在2002年开始下滑，2005年到达低谷之后，受"非公36条"刺激又快速回升；中西部地区由于在2003年时民间投资尚未突破1万亿元，受影响较小，因此势能仅在2003年略微放缓。同时可以看出，三大地区的二阶导数都在2008年之后明显下降，可见国际金融危机的波及范围和影响强度之大，不过易见，相对国有经济为主体的西部地区下降最为不明显。中国多数企业在2008年9月后业绩快速下滑，民营企业在严峻形势下遭受巨大冲击，因此全国各地区民间投资势能随之下降。2010年，"新36条"发布，三大地区民间投资的势能快速上升，2010—2011年均呈上升态势，其中，中部地区民间投资势能上升速度最快，东部地区次之，西部地区上升速度最慢，这表明中部地区民间投资未来的发展潜力最大，东部次之，西部最小。这主要是由于东部地区民间投资虽具有总量优势，但此期间其当地民间投资"脱实入虚"、民营企业资金链断裂、民营企业主跑路等民间资本市场失灵现象越来越突出，导致东部地区对"新36条"的政策响应程度不如民间投资发展水平相对较低的中部地区强烈，而西部地区受国有经济占主导的限制，民间投资发展受政策影响突出。2012年以来，受整体经济新常态的"三期叠加"的影响，民间投资趋于谨慎，2012—2014年，三大地区民间投资的动能趋势逆转，缓缓转升为降，而势能则成骤然下降态势，转正为负，民间投资未来发展潜力有很大程度的减弱。

4.2　我国产业结构升级的演进轨迹事实

产业结构升级是一个动态的复杂过程，现有研究均从不同方面设计指标刻画我国产业结构升级的情形，本节沿用结构主义增长理论的"投入—产出—效率"理论逻辑框架来系统、全面地分析我国产业结构升级状况，具体从要素劳动力水平、产出水平以及效率水平三个视角分别深入分析我国产业结构升级的演进过程。

4.2.1 劳动力水平视角下我国产业结构升级演进分析

改革开放以来，随着我国经济的高速发展，我国各产业的要素劳动力结构发生了重大变化，产业间要素劳动力结构已从"一二三"演变为"三二一"结构。可见，从演进过程看，产业间劳动力流动方向基本符合配第—克拉克定理（见图4-9）。具体来看，1978—2014年，我国第一产业的劳动力占比逐年下降，从1978年的70.5%下降到2014年的29.5%，下降了41%；与之相反，第三产业的劳动力占比则是稳步上升，从1978年的12.2%上升到2014年的40.6%，上升了28.4%；与配第—克拉克定理中阐述的相一致，我国第二产业的劳动力占比波动相对较小，总体波动较小有所上升，1978—2014年仅上升了12%。值得说明的是，在我国第三产业劳动力占比逐期上升过程中，虽然第三产业劳动力占比在1978—1993年间持续保持稳步上升态势，但一直小于第一产业劳动力占比以及第二产业劳动力占比，直到1994年，第三产业劳动力占比开始超越第二产业占比，从而我国产业要素劳动力结构由"一二三"转变为"一三二"；同时，随着我国第一产业的劳动力占比逐年下降，第三产业劳动力占比在2011年超过第一产业的劳动力占比，至此，我国产业劳动力结构又由"一三二"转变为"三一二"；经过近几年的发展，我国产业的劳动力结构最终由"三一二"演变为当前的"三二一"结构。

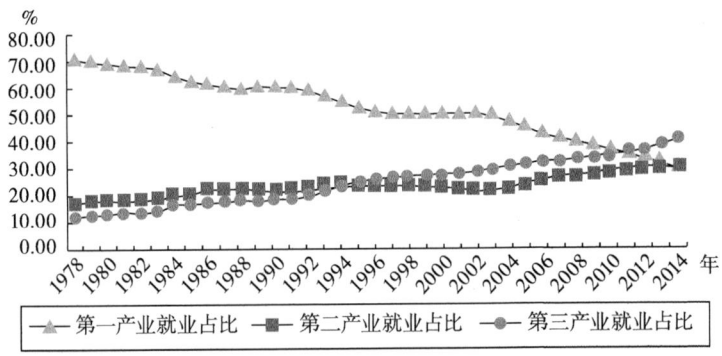

图4-9 我国各产业要素劳动力结构变化趋势（1978—2014年）
资料来源：《中国统计年鉴》（1979—2015），笔者整理而得。

根据三次产业划分和配第—克拉克定理,从要素劳动力流动视角看,随着产业结构的演进,要素劳动力会顺次沿一、二、三产业流动,因而可以据此构建以要素劳动力流动为特征表征的产业结构升级系数。同时,配第—克拉克定理认为随着国民经济的发展,对第一产业的需求降低,对第二产业和第三产业的需求会不断增加,而需求是重要的生产要素之一,因此,以工业与服务业为代表的第二、第三产业会迅速发展。

因此,从产业结构演进层次来看,第三产业最高,第二产业次之,第一产业最低。此处参照靖学青[235](2005)的对产业结构系数的定义,给第一、第二、第三产业分别赋予1、2、3的系数,得到劳动力水平的产业结构升级系数:

$$L = l_1 + 2l_2 + 3l_3$$

其中,l_1,l_2,l_3分别代表第一产业的就业人数占全社会总就业人数的比重、第二产业的就业人数占全社会总就业人数的比重以及第三产业的就业人数占全社会总就业人数的比重;L代表劳动力水平的产业结构升级系数。L取值接近于1,说明第一产业劳动力占比更大,国民经济以农业经济为主;L取值接近于2,说明第二产业劳动力占比更大,国民经济以工业经济为主;L取值接近于3,说明第三产业劳动力占比更大,国民经济以服务业经济为主。

1978—2014年,我国劳动力水平的产业结构升级系数一直逐年增大,可见我国产业结构演进是从低级层次向高级层次不断发展的(见图4-10)。具体来看,1978—1983年,我国劳动力水平的产业结构升级系数处于[1,1.5]区间,说明此期间我国劳动力资源主要集中在第一产业,全国经济以农业为主,产业结构处于较低层次;1984—2010年,劳动力水平的产业结构升级系数处于[1.5,2]区间,说明此期间我国劳动力资源不断由第一产业流向第二产业,全国经济逐步由农业经济特征转变为工业经济特征,产业结构演进升级显著;2011年以来,我国劳动力水平的产业结构升级系数均在2以上,且保持上升趋势,但系数仍然偏小,如2014年该系数仅为2.11,距离以服务业为主的发达经济体仍有很大差距。由此可见,我国经济当前依然是工业经济为主,产业结构未来升级空间较大。

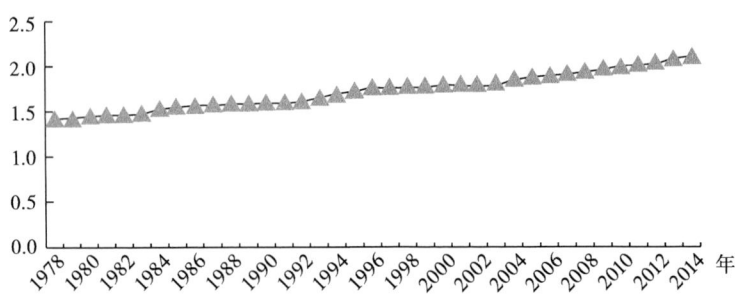

图4-10 我国要素劳动力水平的产业结构升级系数变化趋势（1978—2014年）

4.2.2 产出水平视角下我国产业结构升级演进分析

（1）三次产业产出结构分析

改革开放以来，我国三次产业占比发生了巨大变化，产业产出结构已从"二一三"演变为"三二一"结构。可见，从演进过程看，这种演进也基本符合配第—克拉克定理产业结构从低级向高级演进的规律（见图4-11）。

具体来看，1978—2014年，第一产业占比呈平稳下降状态，从1978年28.2%下降到2014年的9.2%，下降了19%；第二产业占比则波动较小，一直维持较高水平，但近两年有所下降，总体上从1978年的47.9%降至2014年的42.7%，其间1990—1993年出现短期调整较大幅度上升；而第三产业在考察期内则是保持着稳步上升状态，从1978年的23.9%上升至2014年的48.1%，上升了24.2%。值得指出的是，以1985年、2013年为界，可以将我国产业占比变化的过程分为三个阶段，第一阶段为1978—1984年，在此期间，我国产业产出结构呈现出"二一三"结构，我国经济以工业经济特征为主；第二阶段为1985—2013年，随着我国第三产业的快速发展，我国产业产出结构呈现出"二三一"结构，但经济仍然是工业经济特征明显；2013年以来，第三产业进一步加速发展，其占比超过了第二产业占比，成为产业产出最大的产业，我国产业产出结构也转换为"三二一"结构，这完全符合产业发展的一般规律，同时由此可以预测，我国经济的服务业经济特征将逐渐显现。

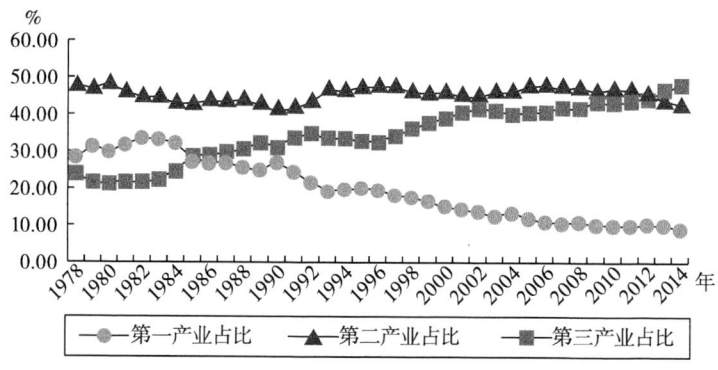

图 4-11 我国三次产业占比变化趋势（1978—2014 年）

（2）产出水平的产业结构升级系数分析

参照对劳动力水平的产业结构升级系数计算方法，此处构建产出水平的产业结构升级系数为：

$$Q = q_1 + 2q_2 + 3q_3$$

其中，q_1，q_2，q_3 分别代表第一产业的产值占国民生产总值的比重、第二产业的产值占国民生产总值的比重，以及第三产业的产值占国民生产总值的比重；Q 代表产出水平的产业结构升级系数。Q 的取值接近于 1，说明第一产业占国民生产总值的比重大，国民经济呈现农业化的特征明显；Q 的取值接近于 2，说明第二产业占国民生产总值的比重大，国民经济呈现工业化的特征明显；Q 的取值接近于 3，说明第三产业占国民生产总值的比重大，国民经济呈现服务业化的特征明显。

1978—2014 年，我国产出水平的产业结构升级系数稳步上升，由此可知，我国产出水平的产业结构也是从低级层次向高级层次不断演进的（见图 4-12）。具体来看，1978—1984 年，我国产出水平的产业结构升级系数在 [1.9，2] 区间，说明此期间我国经济已经是以工业经济为主，产业结构处于中级层次，已经迈过了以农业经济为主的产业结构层次。这一点与上一小节基于劳动力水平的产业结构升级系数在其间的分析结论不同，上一小节基于劳动力水平的产业结构升级系数的分析结论是在此期间我国经济主要以农业经济为主，这种结论矛盾主要是因为我国经济发展起步的底子薄，发展初期大量劳动力聚集于第一产业中，由于劳动力自身的素质、技能、专业等因素导致随着经济产业结构演进发展，劳动力从第一产业向第二产业以及第三产业流动严重受阻，因此造成了我国产业结构演进过程一直存在的产业产出结构与劳动力结构的不匹配问题。1985—2014年，产出水平的产业结构升级系数处于[2，2.5]区间，说明此期间全国经济仍然是以工业经济特征，从产出水平的产业结构升级系数看，虽然该系数保持上升态势，但增长速度较慢，30年仅仅上涨了0.39，2014年该系数也仅为2.39，系数仍然偏小。由此可见，我国产业结构演进升级的进程较为缓慢，当前应继续大力发展服务业，加快我国产业结构升级的步伐。

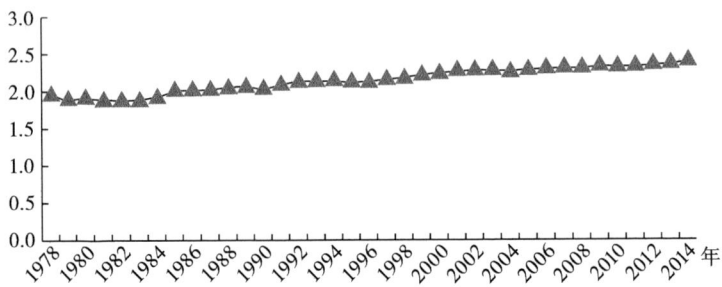

图4-12 我国产出水平的产业结构升级系数变化趋势图（1978—2014年）

4.2.3 效率水平视角下我国产业结构升级演进分析

（1）全要素生产率的测算方法与数据选择

①测算方法

测算各产业全要素生产率的客观准确性是评价产业结构是否升级的关键，因此采取的方法则更显得重要。近年来，基本上按照Färe等（1994）的DEA-Malmquist指数法来测量全要素生产率变动指数。此处沿用学界一般做法，本书也采取该种方法对我国三次产业的全要素生产率进行测算，下面对DEA-Malmquist指数法进行介绍。

1953年，瑞典经济学家、统计学家Malmquist提出用Malmquis指数分析消费变化情况。Shephard（1970）[236]定义了产出和投入距离函数。Caves D.W.等（CCD，1982）[237]基于Shephard的产出距离函数提出了Malmquist

4 我国民间投资运行特征与产业结构升级演进轨迹

产出水平的生产率指数,将 Malmquist 指数运用于实际生产分析。假定在 t 和 $t+1$ 时期,技术条件不同,厂商(商业银行)在 t 和 $t+1$ 时期的投入和产出组合分别为:(Y_t, X_t) 和 (Y_{t+1}, X_{t+1}),则 t 时期的生产率变化是

$$M_o^t(Y_{t+1}, X_{t+1}, Y_t, X_t) = \frac{D_O^t(Y_{t+1}, X_{t+1})}{D_O^t(Y_t, X_t)}, \text{且} \ 0 < D_O^t(Y_t, X_t) \leq 1。$$

同时,$t+1$ 时期产出水平的生产率变化为 $M_o^{t+1}(Y_{t+1}, X_{t+1}, Y_t, X_t) = \frac{D_O^{t+1}(Y_{t+1}, X_{t+1})}{D_O^{t+1}(Y_t, X_t)}$,同理,$(Y_{t+1}, X_{t+1})$ 是 $t+1$ 时期的一组投入—产出组合,$0 < D^{t+1}1_O(Y_{t+1}, X_{t+1}) \leq 1$。因此,$M_o^{t+1}(Y_{t+1}, X_{t+1}, Y_t, X_t)$ 可以大于1,或者小于等于1。为了增加生产率的稳定性,在计算产出定位的全要素生产率变动指数时,对 t 期和 $t+1$ 期的生产率变动取平均数。即 $M_o(Y_{t+1}, X_{t+1},$

$$Y_t, X_t) = \left[\frac{D_O^t(Y_{t+1}, X_{t+1})}{D_O^t(Y_t, X_t)} \times \frac{D_O^{t+1}(Y_{t+1}, X_{t+1})}{D_O^{t+1}(Y_t, X_t)}\right]^{\frac{1}{2}}。$$ 若 $M_o(Y_{t+1}, X_{t+1}, Y_t, X_t)$ 大于1,代表全要素生产率上升,等于1表示不变,小于1代表下降。

Färe 等[238](1994)将 Malmquist 生产率指数进一步发展,将全要素生产率变动指数分解为技术效率变动指数与技术进步指数的乘积,采用数据包络分析(DEA)方法将其变成了实证指数,定义产出定位的 DEA–Malmquist 全要素生产率变动指数为:t 时期与 $t+1$ 时期的投入—产出组合分别为 (Y_t, X_t) 与 (Y_{t+1}, X_{t+1}),假定技术条件不同,则 t 时期和 $t+1$ 时期的生产率变化分别为:$M_o^t(Y_{t+1}, X_{t+1}, Y_t, X_t) = \frac{D_O^t(Y_{t+1}, X_{t+1})}{D_O^t(Y_t, X_t)}$ 和 $M_o^{t+1}(Y_{t+1},$

$X_{t+1}, Y_t, X_t) = \frac{D_O^{t+1}(Y_{t+1}, X_{t+1})}{D_O^{t+1}(Y_t, X_t)}$,则 t 期和 $t+1$ 期生产率变化的几何平均数为:

$$M_O(Y_{t+1}, X_{t+1}, Y_t, X_t) = \left[\frac{D_O^t(Y_{t+1}, X_{t+1})}{D_O^t(Y_t, X_t)} \times \frac{D_O^{t+1}(Y_{t+1}, X_{t+1})}{D_O^{t+1}(Y_t, X_t)}\right]^{\frac{1}{2}}$$

(4-1)

通过线性规划方法求解式(4-1)的效率值:$D_O^t(Y_{t+1}, X_{t+1})$,$D_O^t(Y_t,$

$X_t)$,$D_O^{t+1}(Y_{t+1},X_{t+1})$,$D_O^{t+1}(Y_t,X_t)$。

$$[D_O^t(y_{t+1},x_{t+1})]^{-1} = \max_{\varphi,\lambda}\varphi,$$
$$s.t. \quad -\varphi y_{i,t+1} + Y_t\lambda \geq 0,$$
$$x_{i,t+1} - X_t\lambda \geq 0, \quad (4-2)$$
$$\lambda \geq 0,$$

$$[D_O^t(y_t,x_t)]^{-1} = \max_{\varphi,\lambda}\varphi,$$
$$s.t. \quad -\varphi y_{it} + Y_t\lambda \geq 0,$$
$$x_{it} - X_t\lambda \geq 0, \quad (4-3)$$
$$\lambda \geq 0,$$

$$[D_O^{t+1}(y_{t+1},x_{t+1})]^{-1} = \max_{\varphi,\lambda}\varphi,$$
$$s.t. \quad -\varphi y_{i,t+1} + Y_{t+1}\lambda \geq 0,$$
$$x_{i,t+1} - X_{t+1}\lambda \geq 0, \quad (4-4)$$
$$\lambda \geq 0,$$

$$[D_O^{t+1}(y_t,x_t)]^{-1} = \max_{\varphi,\lambda}\varphi,$$
$$s.t. \quad -\varphi y_{it} + Y_{t+1}\lambda \geq 0,$$
$$x_{it} - X_{t+1}\lambda \geq 0, \quad (4-5)$$
$$\lambda \geq 0,$$

借鉴 Caves、D. W. 等（CCD, 1982）的成果，Färe 等（1994）将产出定位的全要素生产率变动指数分解为：

$$M_O(Y_{t+1}, X_{t+1}, Y_t, X_t) = \left[\frac{D_O^t(Y_{t+1}, X_{t+1})}{D_O^t(Y_t, X_t)} \times \frac{D_O^{t+1}(Y_{t+1}, X_{t+1})}{D_O^{t+1}(Y_t, X_t)} \right]^{\frac{1}{2}} =$$

$$\frac{D_O^{t+1}(Y_{t+1}, X_{t+1})}{D_O^t(Y_t, X_t)} \times \left[\frac{D_O^t(Y_{t+1}, X_{t+1})}{D_O^{t+1}(Y_{t+1}, X_{t+1})} \times \frac{D_O^t(Y_t, X_t)}{D_O^{t+1}(Y_t, X_t)} \right]^{\frac{1}{2}} = EC \times TC$$

$$EC = \frac{D_O^{t+1}(Y_{t+1}, X_{t+1})}{D_O^t(Y_t, X_t)}, \quad TC = \left[\frac{D_O^t(Y_{t+1}, X_{t+1})}{D_O^{t+1}(Y_{t+1}, X_{t+1})} \times \frac{D_O^t(Y_t, X_t)}{D_O^{t+1}(Y_t, X_t)} \right]^{\frac{1}{2}}$$

$$(4-6)$$

产出水平下的全要素生产率变动指数等于技术效率变化（EC）与技术进步（TC）的乘积。若 EC 大于 1，代表技术效率上升；若 EC 小于 1，代表技术效率下降；同时，若 TC 大于 1，代表技术进步，若 TC 小于 1，代表技术退步。值得说明的是，上述全要素生产率变动指数是在规模报酬不变条件下测算的，也就是说，规模报酬不变条件下的产出水平的全要素生产率变动指数 M_O 等于技术效率变化（EC）与技术变化（TC）的乘积。

②数据选择

此部分选取我国三次产业作为分析对象，相关投入—产出数据来自《中国统计年鉴》（1995—2014 年）以及《中国固定资产投资统计年鉴》（1995—2014 年）。其中，产业投入变量为资本存量与劳动力，产出变量为产业产出，三次产业劳动力数据以三次产业从业人员数代表，产业产出以各产业的 GDP 数据代表，并利用 GDP 平减指数剔除价格对其的影响。由于现有统计数据库均未对产业资本存量进行统计，必须通过测算得到，下面将重点介绍测算三次产业资本存量的过程。

当前，一般采用 Gold–smith 提出的永续盘存法测算资本存量。张军和章元[239]对中国资本存量进行过测算，其资本存量的基本估计公式可以表达为：

$$K_t = K_{t-1} \times (1 - \delta_t) + I_t \div P_t \qquad (4-7)$$

其中，K_t 为第 t 年的资本存量，K_{t-1} 为第 $t-1$ 年的资本存量，δ_t 为第 t 年的折旧率，I_t 为第 t 年的固定资产投资总额，P_t 为第 t 年的固定资产价格指数；运用式（4-11）估计资本存量时，首先需要确定当年投资流量（I_t）、固定资产投资价格指数 P_t、折旧率（δ_t）以及基期资本存量。

当年投资流量指标。相关文献在选择该指标时主要有四种方法：一是资本"积累"角度；二是全社会固定资产投资（扣除相关项）；三是新增固定资产投资；四是（固定）资本形成总额。诸多学者（李仁君，2010；宗振利、廖直东，2014）均认可和采用全社会固定资产投资作为当年投资的指标[240][241]。鉴于此，此处以固定资产投资额为基础来推断新增资本存量，并按三次产业进行划分。

当年固定资本投资的价格指数。运用永续盘存法时，不同年份的价格会发生变化，会对投资价值产生影响，因此要将当年价格的投资进行平减处理，使投资价值在不同年份可以比较，在此选取固定资产投资价格指数作为剔除固定资本投资价格因素的变量。

基准年份资本存量。折旧—贴现法是估计基期资本存量的常用方法，即采用基期投资与投资几何平均增长率（g）与资本折旧率（δ）之和的比值，此处也采用这样的方法求基年资本存量，具体计算是：以1995年为基期，用当年投资除以固定资产投资的几何平均增长率（1995—2014年）与折旧率之和即可。

折旧率。根据公式，在测算资本存量时需要扣除固定资产折旧。固定资产折旧是按照一定折旧率提取的为弥补固定资产损耗的变量，折旧率是计算固定资产折旧的一个重要参数，它反映了固定资产在生产中所转移的价值。现有文献在选择折旧率时没有统一的标准，不同文献之间存在较大差异，因此资本存量的计算也会出现很大的差异。例如，胡永泰（1998）、王小鲁（2000）[242][243]均将折旧率设定为5%；龚六堂等（2004）[244]将折旧率设定为10%；黄永峰等（2002）[245]使用了差异化的折旧率，假定建筑的折旧率为8%，设备折旧率为17%。综合考虑，在此采用大多学者采用的单豪杰（2008）[246]的做法，折旧率统一取10.96%。

据此，选取三次产业从业人员数、三次产业资本存量为投入变量；选取剔除价格影响后各产业的 GDP 为产出变量（变量的具体说明见表4-11）。

表4-11 产业全要素生产率评价指标选择

变量类型	变量名称	符号	变量设计	均值	标准差	最小值	最大值
投入变量	劳动力/万人	L	产业从业人员数	24580.38	6729.42	15655	36640
	资本/亿元	K	产业资本存量	46139.32	57932.83	595.03	204473.8
产出变量	产出/亿元	Y	产业产值	18642.82	18864.39	2373.89	77097.49

(2) 产业全要素生产率的测算结果

国内诸多学者主要依据 Färe 等（1994）的计算公式测算我国农业、工业、金融业以及服务业等的全要素生产率，计算全要素生产率的方法主要采取 Coelli（1996）[247]的 DEAP2.1 计算机程序。因而此处首先对投入变量与产出变量取自然对数处理，也是使用 DEAP2.1 计算机程序计算1995—2014年我国三次产业的全要素生产率。

表4-12 我国三次产业 DEA-Malmquist 指数测算结果

时期	第一产业	第二产业	第三产业
1995—1996	0.999	1.004	1.011
1996—1997	1.005	1.010	1.017
1997—1998	1.005	1.010	1.017
1998—1999	0.997	1.005	1.011
1999—2000	0.990	0.978	0.969
2000—2001	0.980	0.990	0.998
2001—2002	0.980	0.993	1.009
2002—2003	0.987	0.998	1.009
2003—2004	0.982	0.999	1.013
2004—2005	1.127	1.140	1.151
2005—2006	1.009	1.014	1.021
2006—2007	1.005	1.007	1.011
2007—2008	0.996	1.003	1.011
2008—2009	0.995	1.004	1.010
2009—2010	0.882	0.877	0.871
2010—2011	0.998	1.004	1.012
2011—2012	1.004	1.009	1.015

续表

时期	第一产业	第二产业	第三产业
2012—2013	1.012	1.015	1.018
2013—2014	0.996	1.001	1.005
平均值	0.997	1.003	1.009

从表4-12的测算结果可以看出，整体而言，1995—2014年，我国第二产业与第三产业的全要素生产率年均值分别为1.003与1.009，说明该时期内我国第二产业与第三产业的效率水平有所改善。分阶段看，1995—1998，三次产业的全要素生产率基本均大于1，因此可以判断该期间内三次产业的技术水平得以提高；尔后，受1998年亚洲金融危机影响，我国三次产业全要素生产率在其后两年均小于1，可见金融危机对我国技术水平提升负面影响之甚；2001—2004年，由于我国第一产业与第二产业的脆弱性，两产业的全要素生产率仍然小于1，而在我国调结构政策的刺激下，我国第三产业全要素生产率在此期间内一直大于1，技术水平一直在提高；2005—2008年，三次产业的全要素生产率基本都处于合理水平；2008年，国际金融危机爆发，受其波及，2009年我国三次产业全要素生产率均小于1，随之国家实施"4万亿元"的经济刺激政策，2010—2014年我国三次产业全要素生产率均大于1，又回归到合意水平。

(3) 效率水平的产业结构升级系数分析

依据参照上述劳动力水平和产出水平的产业结构升级系数的计算方法，此处亦构建效率水平产业结构升级系数的公式为：

$$Q = \frac{1}{n}\sum_{i=1}^{n} x_i$$

其中，x_i代表第i产业的全要素生产率，其中，$n=3$，即$i=1,2,3$，Q代表效率水平的产业结构升级系数。若Q的取值大于1，说明产业技术水平提高，效率得以改善；若Q的取值小于1，说明产业不具有效率。

总体上看，我国效率水平的产业结构系数在大多数年份均大于1，说明我国的产业效率水平一直有所改善，但期间受1998年亚洲金融危机影响，我国效率水平的产业结构系数在1999—2004年内均小于1，与上述分

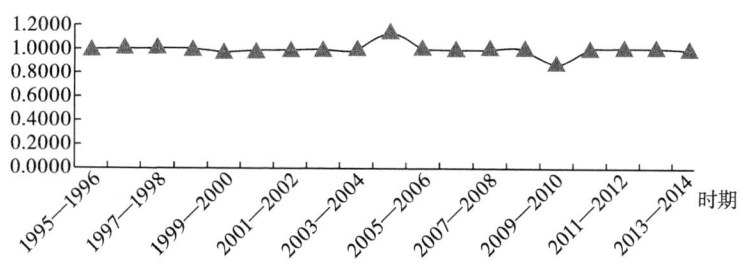

图4-13 我国产出水平的产业结构升级系数变化趋势（1995—2014年）

析相一致，可见金融危机对我国技术水平提升负面影响较大且持久；同时，受2008年国际金融危机影响，2009—2010年，我国效率水平的产业结构系数仅为0.8767，产业结构效率低下，随之国家实施"4万亿"的经济刺激政策，2010—2014年我国效率水平的产业结构系数又回归到合意水平。

4.3 我国民间投资产业分布的特定事实

4.3.1 民间投资产业分布的明细考察

目前我国的三次产业是指农业、工业和服务业，其中，第一产业农业包括农林牧渔业；第二产业工业包括制造业、采矿业、建筑业、电力热力燃气及水生产和供应业；第三产业为服务业，即除第一产业与第二产业以外的其他行业。

在第一产业中，1995—2014年，民间投资从454.76亿元增长到11411.4亿元，增长25.09倍，年平均增长19.15%；而国有投资从84.57亿元增长到2264.13亿元，增长26.77倍，年平均增长21.03%。由此可见，第一产业中，国有投资与民间投资的增长速度相差不大，国有投资增长速度稍快一些。从各类型投资所占比例看，1995—2014年，民间投资一直在第一产业中占据主体地位，平均占比为73.29%；其次，国有投资占有一定比例，为25.70%，外商投资涉及较小，其平均比例仅为1.02%。值得指出的是，国有投资退出迹象明显，2014年国有投资的比例仅为 16.40%，同比下降 2.75%。

表 4-13 按投资类型分的我国投资产业分布

(%)

年份	第一产业			第二产业			第三产业		
	民间投资	国有投资	外商投资	民间投资	国有投资	外商投资	民间投资	国有投资	外商投资
1995	83.59	15.55	0.86	30.08	56.25	13.66	37.80	51.01	11.20
1996	80.58	18.40	1.02	30.55	54.99	14.46	37.37	52.23	10.40
1997	77.35	21.45	1.20	31.57	53.21	15.22	36.95	53.39	9.65
1998	69.77	29.18	1.05	33.64	49.88	16.48	35.08	57.37	7.56
1999	68.34	30.71	0.96	39.35	45.17	15.48	37.62	55.34	7.04
2000	66.94	32.18	0.88	46.10	39.73	14.17	40.86	52.67	6.47
2001	65.61	33.59	0.81	53.85	33.61	12.54	44.96	49.19	5.84
2002	65.61	33.59	0.81	53.85	33.61	12.54	44.96	49.19	5.84
2003	75.94	23.13	0.93	59.44	26.70	13.85	46.22	47.84	5.94
2004	77.03	21.61	1.36	61.56	23.33	15.11	48.52	44.96	6.52
2005	76.72	22.44	0.84	64.23	21.70	14.06	50.31	43.51	6.18
2006	69.98	28.74	1.28	65.29	20.28	14.43	50.49	43.00	6.51
2007	69.19	29.51	1.30	67.43	19.37	13.21	52.43	40.37	7.19
2008	71.19	27.78	1.03	68.66	19.34	12.00	52.81	40.45	6.74
2009	66.70	32.46	0.84	70.84	19.42	9.75	49.87	45.15	4.98
2010	68.26	30.81	0.93	72.83	18.80	8.38	51.91	43.33	4.76
2011	74.06	24.68	1.26	75.12	17.07	7.81	56.96	38.19	4.86
2012	76.34	22.61	1.06	77.30	15.44	7.26	57.62	37.89	4.49
2013	79.87	19.15	0.98	79.20	14.59	6.22	58.74	37.06	4.20
2014	82.67	16.40	0.92	80.64	13.94	5.42	59.54	36.47	3.99

资料来源：《中国统计年鉴》(1995—2015)；《中国固定资产投资统计年鉴》(1995—2015)。

在第二产业中，1995—2014 年，民间投资从 2706.83 亿元增长到 167484.62 亿元，增长 61.87 倍，年平均增长 25.07%；而国有投资从 5061.84 亿元增长到 28942.05 亿元，增长 5.72 倍，年平均增长 10.06%。由此可见，第二产业中，民间投资的增长速度远大于国有投资的增长速度，这就导致了民间投资在第二产业的分布规模渐进地超过了国有投资。从各类型投资所占比例看,1995—2014 年,民间投资占比逐步上升,而国有投资比例则一直下降,且 2000 年时,民间投资占比首次超过国有投资占比,尔后逐步上升,并在 2014 年时,民间投资占比高达 80.64%,占据第二产业的主导地位,同时,国有投资比例仅为 13.94%。另外,外商投资从该行业退出明显,2014 年外商投资占比仅为 5.42%,比 1995 年时的比例下降了 8.24%。

在第三产业中,1995—2014 年,民间投资从 4445.34 亿元增长到 172969.86 亿元,增长 38.91 倍,年平均增长 21.49%;而国有投资从 5998.87 亿元增长到 105961.49 亿元,增长 17.66 倍,年平均增长 16.79%。由此可见,第三产业中,民间投资的发展情形与在第二产业中的情形相类似,其增长速度大于国有投资的增长速度,也必然导致民间投资在该产业的分布规模渐进超过了国有投资。从各类型投资所占比例看,1995—2014 年,民间投资占比逐步上升,从 37.80% 上升至 59.54%,而国有投资比例则总体呈下降趋势,从 51.01% 下降至 36.47%,且 2004 年时,民间投资占比首次超过国有投资占比,尔后逐步上升,并在 2014 年时,民间投资占比高达 59.54%,同时,国有投资比例下降为 36.47%。另外,外商投资从该行业退出也相当明显,2014 年外商投资占比仅为 3.99%,比 1995 年时比例下降了 7.21%。

同时,受 2008 年国际金融危机影响,2008—2010 年,民间投资进入第一产业与第三产业受到负面冲击,民间投资占比均出现下滑,尔后民间投资重新获得活力,进入这两个产业积极又得以提高;而同期民间投资进入第二产业则没有受到较大影响,其比例则稳步上升;为应对国际金融危机对我国经济的冲击,2009 年采取了"4 万亿元"刺激政策,国有经济投资受到极大影响,当年国有投资进入三次产业均非常明显。

4.3.2 民间投资产业结构的特征

1995—2014 年,我国民间投资的产业结构先后经历了"三二一""二三一"以及"三二一"的演进历程。分阶段看,1995—2004 年,民间投资的产业结构一直维持"三二一"结构,即在第三产业分布最多,其次是第二产业，在第一产业最少；2005—2013 年，民间投资的产业结构则调整为"二三一"结构；2013 年以后，我国民间投资的产业结构又变为"三二一"结构。由此可见，我国民间投资一直集中分布在第二产业与第三产业，第一产业分布较少。

分产业看，1995—2014 年，第一产业民间投资比重一直处于稳步下降趋势，从 5.98%一直下降到 3.24%。相对来看，1995—2014 年，第二产业的民间投资变化较为复杂，其比例经历了先减小、后增大、又减小的曲折历程。1995—1998 年，受国家宏观经济政策影响，第二产业民间投资比例逐步减小，从 1995 的 35.58%下降到 1998 年的 32.67%；1999—2009 年，国家对于民间投资采取放松甚至鼓励政策，民间投资比例逐步上升，从 34.07%上升到 51.13%，特别是 2005 年期间国务院发布"旧 36 条"，尔后民间投资进入第二产业步伐明显加快；2009—2014 年，受国际金融危机影响，民间投资进入第二产业步伐放缓，相应民间投资比例一直下降，2014 年该比例为 47.60%，比 2009 年下降 3.53%。

表 4-14　民间投资的产业分布结构

(%)

年份	第一产业	第二产业	第三产业
1995	5.98	35.58	58.44
1996	5.78	34.60	59.62
1997	5.59	34.18	60.23
1998	4.78	32.67	62.55
1999	4.85	34.07	61.08
2000	4.79	35.63	59.58
2001	4.61	37.37	58.02
2002	4.61	37.37	58.02
2003	4.33	43.77	51.90
2004	3.78	45.98	50.24
2005	3.52	49.22	47.26
2006	3.04	50.05	46.91
2007	2.88	50.44	46.68

续表

年份	第一产业	第二产业	第三产业
2008	3.45	50.61	45.93
2009	3.45	51.13	45.42
2010	3.17	50.48	46.34
2011	3.20	49.03	47.77
2012	3.37	49.11	47.52
2013	3.30	48.22	48.48
2014	3.24	47.60	49.16

资料来源：《中国统计年鉴》（1995—2015）；《中国固定资产投资统计年鉴》（1995—2015）。

与第二产业民间投资的发展变化相类似，1995—2014年，我国第三产业的民间投资比例也经历了较为曲折的历程，即经历了先上升后下降再上升的过程。具体来看，1995—1998年，在第二产业民间投资比例下降的同时，第三产业民间投资的比例逐步上升，从58.44%上升到62.55%；1999—2009年，与第二产业民间投资比例上升相对应，我国第三产业民间投资比例稳步下降，从61.08%下降到45.42%，10年间下降了15.66%；同样，2009年以后，在国家"调结构、稳发展"政策的影响下，我国第三产业民间投资比例又掉头上升，截至2014年，我国第三产业民间投资比重为49.16%。

4.4 本章小结

本章从总量发展特征、结构变化的多维度以及动态运行视角剖析了我国民间投资的运行特征，特别是着重利用相平面图法对民间投资的动态运行特征进行分析。研究结果表明，从总体情况看，我国东部民间投资总量最大，中部次之，西部最小；但中西部的平均增长速度高于东部；我国东、中、西部民间投资的动能总体上均呈不断上升趋势，势能均有所波动，但近期全国及东、中、西部动能势能均呈下降趋势。然后，从要素劳动力水平、产出水平以及效率水平三个视角深入分析了我国产业结构升级演进过程，发现我国要素劳动力水平与产出水平产业结构升级系数均稳步上升，且效率水平的产业结构升级系数在考察期内在大多数年份一直有所改善。最后，考察了我国民间投资产业分布的情形，发现在考察期内（1995—2014年），我国民间投资的产业结构先后经历了"三二一""二三一"以及"三二一"的演进历程，且当前民间投资在各产业的占比重中均居主体地位。

5 民间投资影响产业结构升级的结构效应实证分析

5.1 民间投资的劳动力水平产业结构升级效应分析

5.1.1 民间投资影响劳动力水平产业结构升级的经验事实

（1）我国民间投资对劳动力流动的影响分析

改革开放以来，民间投资的发展对于劳动力在国有经济与非国有经济之间的分配比重动态变化产生了重大影响。1978 年，劳动力主要分布在国有经济中，国有经济就业比重高达为 78.3%，非国有经济就业比重仅为 21.7%；1990 年，我国民营经济就业比重为 29.3%，较 1978 年有所提升；1990 年以后，各种非公有制经济快速发展，非公有制经济的就业比重也得以快速提升。2013 年，民营经济就业比重高达 71.03%，较 1990 年增长了 41.73%；与此同时，我国国有经济就业比重自 20 世纪 90 年代以来逐年下降，2013 年时仅为 19.77%。由此可见，民间投资吸纳的就业人数占比稳步持续增加，现已成为吸纳我国就业的主体（见表 5-1）。

表 5-1 我国国有投资、民间投资和外商投资吸收的劳动力人数

年份	总计/万人	国有投资/万人	民间投资/万人	占比/%	外商投资/万人
1978	9514	7451	2063	21.68	0
1980	10525	8019	2506	23.81	0
1985	12808	8990	3812	29.76	6
1990	14728	10346	4316	29.30	66

续表

年份	总计/万人	国有投资/万人	民间投资/万人	占比/%	外商投资/万人
1995	17336	11261	5562	32.08	513
1996	17541	11244	5757	32.82	540
1997	17688	11044	6063	34.28	581
1998	15918	9058	6273	39.41	587
1999	15575	8572	6391	41.03	612
2000	14989	8102	6245	41.66	642
2001	14781	7640	6471	43.78	671
2002	15137	7163	7217	47.68	758
2003	15730	6876	7992	50.81	863
2004	16452	6710	8710	52.94	1033
2005	17461	6488	9728	55.71	1245
2006	18452	6430	10614	57.52	1407
2007	19692	6424	11685	59.34	1583
2008	20705	6447	12636	61.03	1622
2009	22113	6420	13994	63.28	1699
2010	23305	6516	14966	64.22	1823
2011	26233	6704	17380	66.25	2149
2012	28061	6839	19007	67.73	2215
2013	32201	6365	22873	71.03	2963

资料来源：《中国统计年鉴》(1978—2014)。

民间投资对新增劳动力的吸收能力越来越强，主要表现为新增劳动力已由主要流向国有经济部门转向主要朝非国有经济部门转移。1980年，我国新增劳动力流向国有经济部门的比重为56.18%，而流向非国有经济部门的比重为43.8%；1980—1996年，民营经济吸纳的新增劳动力比重总体上一直保持增长；1997—2001年，由于国家相关政策的影响，国有经济部门人数大幅流出，新增劳动力主要流向民营企业；且从1996年开始，国有单位开始出现就业人员的净流出。2002年以来，民营经济部门吸纳的新增劳动力持续增加，而国有经济部门就业劳动力则持续流出。由此可见，民营经济已成为我国主要的吸纳新增劳动力就业的主体，民间投资是就业主要载体的趋势已成为既定事实（见表5-2）。

表5-2 1980—2014年我国新增劳动力人数分布

单位：万人

年份	总计	国有投资	民间投资	外商投资
1980	1011	568	443	0
1985	2283	971	1306	6
1990	1920	1356	504	60
1995	2608	915	1246	447
1996	205	-17	195	27
1997	147	-200	306	41
1998	-1770	-1986	210	6
1999	-343	-486	118	25
2000	-586	-470	-146	30
2001	-208	-462	226	29
2002	356	-477	746	87
2003	594	-287	775	105
2004	721	-166	718	170
2005	1009	-222	1018	212
2006	991	-58	886	162
2007	1240	-6	1071	176
2008	1013	23	951	39
2009	1408	-27	1358	77
2010	1192	96	972	124
2011	2928	188	2414	326
2012	1828	135	1627	66
2013	4140	-474	3866	748

资料来源：《中国统计年鉴》（1980—2014）。

(2) 我国民间投资对劳动力产业间流动的影响分析

民间投资对劳动力产业间流动的影响主要体现为民间投资进入各产业而引发的就业创造效应，即民间投资进入某个产业将带动劳动力跟随流入。1995—2014年，分产业看，在第一产业中，民间投资占比变化较小，但由于第二、第三产业的快速发展，劳动力不断由第一产业流向第二、第三产业，劳动力占比由1995年的52.20%下降为2014年的29.50%；在第二产业中，民间投资占比由1995年的30.08%快速上升到2014年的80.64%，增长50.56%，成为该产业的投资主体，同时带动了劳动力占比由1995年的23.00%上升到2014年的29.90%，增长6.9%；在第三产业中，民间投资占比由1995年的37.80%稳步上升到2014年的59.54%，增长了21.74%，同时带动该产业劳动力占比由1995年的24.80%上升到2014年的40.60%，增长了15.8%（见表5-3）。由此可见，随着近年来我国服务业的大力发展，劳动力主要由第一产业流向了第三产业，其次流向了第二产业，推动了我国劳动力水平的产业结构优化升级。

表5-3　1995—2014年我国三次产业民间投资占比与劳动力占比明细表

（%）

年份	第一产业		第二产业		第三产业	
	民间投资占比	劳动力占比	民间投资占比	劳动力占比	民间投资占比	劳动力占比
1995	83.59	52.20	30.08	23.00	37.80	24.80
1996	80.58	50.50	30.55	23.50	37.37	26.00
1997	77.35	49.90	31.57	23.70	36.95	26.40
1998	69.77	49.80	33.64	23.50	35.08	26.70
1999	68.34	50.10	39.35	23.00	37.62	26.90
2000	66.94	50.00	46.10	22.50	40.86	27.50
2001	65.61	50.00	53.85	22.30	44.96	27.70
2002	65.61	50.00	53.85	21.40	44.96	28.60
2003	75.94	49.10	59.44	21.60	46.22	29.30
2004	77.03	46.90	61.56	22.50	48.52	30.60
2005	76.72	44.80	64.23	23.80	50.31	31.40
2006	69.98	42.60	65.29	25.20	50.49	32.20
2007	69.19	40.80	67.43	26.80	52.43	32.40
2008	71.19	39.60	68.66	27.20	52.81	33.20
2009	66.70	38.10	70.84	27.80	49.87	34.10
2010	68.26	36.70	72.83	28.70	51.91	34.60
2011	74.06	34.80	75.12	29.50	56.96	35.70
2012	76.34	33.60	77.30	30.30	57.62	36.10

续表

年份	第一产业		第二产业		第三产业	
	民间投资占比	劳动力占比	民间投资占比	劳动力占比	民间投资占比	劳动力占比
2013	79.87	31.40	79.20	30.10	58.74	38.50
2014	82.67	29.50	80.64	29.90	59.54	40.60

资料来源：《中国统计年鉴》（1995—2015）；《中国固定资产投资统计年鉴》（1995—2015）。

5.1.2 民间投资劳动力水平产业结构升级效应的存在性检验

(1) 变量选择

此处选取的被解释变量为劳动力水平的产业结构升级系数；核心解释变量为民间投资；同时纳入其他控制变量，具体说明如下：

第一，劳动力水平的产业结构升级系数。此处采用前文构建的劳动力水平的产业结构升级系数公式，计算省际层面的劳动力水平产业结构升级系数，记为LLdxs。由于年份比较多，此处选取1995年、2005年和2014年劳动力水平的产业结构升级系数进行分析，如图5-1所示。

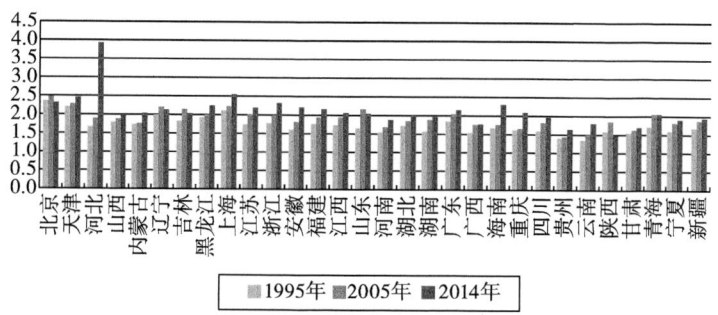

图 5-1 我国省际层面劳动力水平的产业结构升级系数序列（1995—2014 年）
资料来源：《中国统计年鉴》及各省统计年鉴（1994—2014）。

由省际层面劳动力水平的产业结构升级系数可以看出，2014年劳动力产业结构升级系数最高的区域为河北、上海、江苏、浙江、海南、天津等省市，系数最低的区域为陕西、贵州、甘肃、广西等省份。同时可见，大部分区域的劳动力水平的产业结构升级系数保持上升趋势。例如，天津、河北、山西、内蒙古、黑龙江、上海、江苏、浙江、安徽、福建、江西、河南、湖南、湖北、广东、广西、海南等25个省份在1995—2014年，劳动力水平的产业结构升级系数呈上升态势，但北京、辽宁、吉林、山东、陕西等5个省份呈先上升、后下降态势，这可能是各方面因素综合作用的结果。

第二，民间投资。据统计，2003—2013年，非国有经济吸纳的从业人员比重始终保持在50%以上，当前民间投资吸收就业占比更是高达71.03%，可见民间投资对于就业的贡献极大。考虑到指标的适用性以及计量实证的需要，在此选用民间投资总额与GDP的比值作为民间投资发展的代理变量，记为 $Mjtz$。

第三，控制变量。影响劳动力流动的因素有很多，因此需要加入控制变量予以控制。具体来讲，此处选取的控制变量有公共投资、外商投资、需求因素以及城镇化。其中，①公共投资。潘志远（2014）、尹音频（2010）等通过研究均发现政府投资对就业存在显著的促进作用，在此选用公共投资规模占地区GDP比重作为其代表变量，记为 $Ggtz$。②外商投资。随着我国不断出台优惠政策进行招商引资，外商直接投资越来越多，外商投资的企业吸纳的从业人员数量也不断增加，可见，外商投资对我国的就业以及劳动力流动具有重要作用（谢小青，2005；沙文兵、陶爱萍，2007；盛红升，2013；周启良、湛柏明，2009），在此选择外商投资规模占地区GDP比重作为代理变量，记为 $Wstz$。③平均工资水平。一个区域的平均工资水平对于劳动力要素的吸引能力是非常大的，区域的平均收入水平越高越会吸引更多的劳动力选择在该城市进行就业，马歇尔的均衡薪资论认为劳动力的需求取决于消费、投资、政府购买、资本折旧以及国民收入水平等。凯恩斯主义认为，当名义工资率增加时，在资本存量不变的前提下，就业水平降低。可见，总需求因素的平均工资水平是影响劳动力流动重要因素，此处选用就业人员年平均工资为代理变量，并对其取自然对数，记为 $Pjgz$。④城镇化率。随着城镇化进程加快，我国第二产业和第三产业的就业人口不断增加，第一产业就业人口下降，因此，城市化也是影响劳动力流动的因素（曹飞、张云河，2015；汪泓、崔开昌，2012；成学真、陈伟，2006；李丽莎，2011；郭将、杨芹芹，2015；刘瀑，2015）。此处以各省城镇人口占总人口的比例表示城镇化率，记为 Czh。综上，各变量定义及其解释说明如表 5-4 所示。

表 5-4 各变量定义及其说明

类别	名称	变量符号	变量说明
被解释变量	劳动力水平的产业结构升级系数	$Ldxs$	各省份基于劳动力水平的产业结构升级系数
核心解释变量	民间投资	$Mjtz$	各省份民间投资规模占地区 GDP 比重
控制变量	公共投资	$Ggtz$	各省份公共投资规模占地区 GDP 比重
	平均工资	$Pjgz$	各省份就业人员年平均工资的对数值
	外商投资	$Wstz$	各省份外商投资规模占 GDP 比重
	城镇化率	Czh	各省份城镇人口占总人口比例

（2）模型构建

为考察民间投资对劳动力水平产业结构升级的影响，在此构建省级面板数据模型进行实证分析，模型设定如下：

$$Ldxs_{i,t} = \beta_0 + \beta_1 Mjtz_{i,t} + \sum_{j=2}^{n} \beta_j X_{i,t} + \mu_i + \varepsilon_{i,t} \quad (5-1)$$

其中，$Ldxs_{i,t}$ 代表 i 地区第 t 年劳动力水平产业结构升级指标；$Mjtz_{i,t}$ 为核心解释变量，表示省际民间投资；β_1 为其回归系数，刻画了民间投资对劳动力水平产业结构升级的影响；$X_{i,t}$ 和 β_j 则为控制变量及其对应的回归系数；μ_i 为固定效应；$\varepsilon_{i,t}$ 为随机扰动项。

（3）变量描述性分析

此处选取全国除去西藏与港澳台地区的 30 个省份作为研究样本，样本区间设定为 1995—2013 年。数据来源于《中国统计年鉴》、新中国六十年统计资料汇编、《中国人口和就业统计年鉴》、国研网数据库以及国家社科基金重大项目"民间资本供求风险防范及其健康发展研究"（12&ZD071）的调研数据。由于个别变量数据缺失，此处采用均值、线性推算等方法进行补充。各个变量的描述性统计如表 5-5 所示。其中，劳动力水平产业结构升级均值为 1.882，最大值为 3.889，最小值为 1.298；民间投资占 GDP

的比重平均值为25.8%,最大值为74.7%,最小值为4%;公共投资占GDP的比重平均值为19.1%,最大值为52.1%,最小值为6.2%;外商投资占GDP的比重平均值为3.1%,最大值为15.8%,最小值为0.1%;平均工资的对数值平均值为9.654,最大值为11.44,最小值为7.736;城镇化率平均值为43.2%,最大值为89.6%,最小值为13.5%。

表5-5 各变量描述性统计

变量	均值	中位数	最大值	最小值	标准差	样本数
$Ldxs$	1.882	1.842	3.889	1.298	0.273	570
$Mjtz$	0.258	0.213	0.747	0.040	0.157	570
$Ggtz$	0.191	0.172	0.521	0.062	0.077	570
$Wstz$	0.031	0.022	0.158	0.001	0.026	570
$Pjgz$	9.654	9.640	11.440	7.736	0.755	570
Czh	0.432	0.421	0.896	0.135	0.168	570

(4) 回归结果分析

为防止"伪回归",在此对被解释变量、解释变量以及控制变量进行平稳性检验,检验结果显示,所有变量均为一阶单整变量[①]。同时,协整检验结果表明,各变量间存在协整关系。为考察民间投资对劳动力水平产业结构升级指数的影响,首先采用静态面板的混合效应(OLS)、固定效应(FE)与随机效应(RE)估计方程(5-1),结果列示于表5-6。模型设定的F检验在5%的显著水平下拒绝混合估计,且混合效应(OLS)的拟合优度较小;LM检验亦表明模型拒绝原假设,同时,Hausman检验发现,在1%的显著性水平下强烈拒绝原假设,由此可知,相较于混合回归与随机效应,选择固定效应更为妥当。根据固定效应的回归结果可知:核心解释变量民间投资的估计系数为正,且在1%的显著水平下显著。这一结果

---

① 面板模型是否需要作单位根检验和协整检验,学术界观点尚未统一。一般认为,短面板不需要进行检验,长面板则有必要进行相关检验,如陈强(2014)等。但学术界对于短面板和长面板之间的界定并不清晰,这就导致了有学者在使用面板模型时并未作单位根检验和协整检验,如林毅夫(2006)、谭洪波(2015)等;也有学者进行了相关检验,如马兹晖(2008)、姜晶晶(2015)。鉴于严谨性考虑,此处对各变量进行了单位根检验和协整检验。

证实了民间投资对劳动力水平产业结构升级影响效应存在且为正向,说明近年来我国民间投资的发展强有力地推动了劳动力不断由低层级产业向高层级产业流动,也就是说,随着民间投资不断进入高技术产业、战略新兴产业等高层次产业,劳动力水平的产业结构也在其带动下不断取得全面升级。

表5-6 民间投资产业结构升级效应实证检验结果

变量	OLS	RE	FE
$Mjtz$	0.1155	0.3428***	0.3319***
	(1.53)	(2.85)	(5.48)
$Ggtz$	-0.4386**	-0.4654***	-0.4228***
	(-2.49)	(-4.06)	(-3.24)
$Wstz$	0.7868*	0.6047*	-0.2553
	(1.83)	(1.66)	(-0.6)
$Pjgz$	-.02305	0.0208	0.0661**
	(-1.13)	(0.85)	(2.47)
Czh	1.2221***	0.9684***	0.6161***
	(10.93)	(13.92)	(6.65)
R^2	0.6832		
F检验			79.05*** [0.0000]
LM检验		194.62*** [0.0000]	
Hausman检验			33.41*** [0.0000]

注:变量回归系数下小括号内为相应的 T 统计量;模型设定检验的右方括号内为其对应的 P 值;同时,由于固定效应模型没有使用聚类稳健的标准差,而使用普通标准差,因此 F 检验并不一定有效,进一步的 LSDV 法检验结果表明不应使用混合回归模型;*、**、***分别表示在10%、5%、1%的水平下显著。

公共投资的系数为负,且在1%的水平下显著,表明近年来政府公共投资在很大程度上抑制了我国劳动力在产业之间的流动。这与潘志远(2014)发现的"公共投资对就业存在显著的促进作用"的研究结论相悖,而与郭新强和胡永刚(2012)研究结论具有一定的一致性,发现公共投资对就业的作用具有双向可能,促进就业的有效性依赖于政府投资的结构偏向,主要表现为增加投资型的支出可以有效地刺激就业,但是增加服务型的投资则会抑制就业。由此可见，近年来，政府公共投资可能大多用于增加低层级服务型的投资，从而抑制了就业，阻碍了劳动力在产业间流动。

外商投资的系数为负，但在统计上不显著，这表明近年来外商投资并未促进劳动力水平的产业结构升级。这与王丽丽和赵勇（2009）、丁翠翠和郭庆然（2014）的研究结论相一致，主要是因为长期内，一般外商投资对国内投资具有挤出效应，且区域外商投资对当年就业的创造效应往往具有反向的抑制作用。

另外，其他控制变量方面，居民工资水平变量的回归系数显著为正，这说明居民工资水平的提高能够促进我国劳动力水平的产业结构升级；城镇化率变量的估计系数在1%水平下显著且为正，表明我国的城镇化进程与建设带动了我国劳动力向高层次产业流动，促进了我国产业结构转型升级。

5.1.3 民间投资劳动力水平产业结构升级效应的区域差异性检验

依据国家统计局对东部①、中部②、西部③的划分，此处对我国民间投资产业结构升级效应的区域差异性进行分析。

（1）变量选择

此处选取的被解释变量为劳动力水平的产业结构升级系数；核心解释变量为民间投资；同时也纳入其他控制变量，具体说明如下：

第一，劳动力水平的产业结构升级系数。此处仍然参照前述的劳动力水平产业结构升级系数公式，计算我国东部、中部、西部的劳动力水平的产业结构升级系数，记为 $Ldxs$，如图5-2所示。

1995—2014年，我国东部、中部、西部地区劳动力水平的产业结构升

---

① 东部地区包括北京、天津、河北、辽宁、上海、江苏、浙江、福建、山东、广东、海南11个省份。
② 中部地区包括山西、吉林、黑龙江、安徽、江西、河南、湖北、湖南8个省份。
③ 西部地区包括内蒙古、广西、重庆、四川、贵州、云南、陕西、甘肃、青海、宁夏、新疆11个省份。

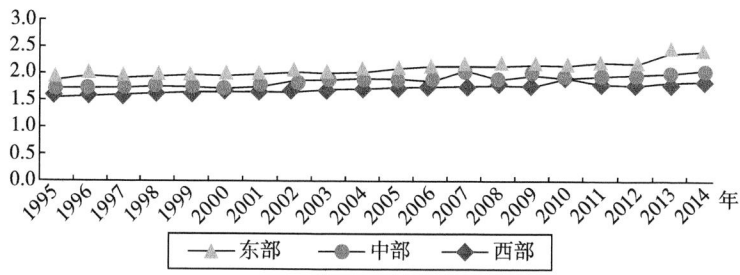

图 5-2　我国东部、中部、西部劳动力水平的产业结构升级系数序列（1995—2014 年）
资料来源：《中国统计年鉴》及各省份统计年鉴（1994—2014）。

级系数均呈稳步上升趋势，符合产业结构升级演进的一般规律。总体上看，1995—2014 年，我国东部地区劳动力水平的产业结构升级系数均高于中部地区劳动力水平的产业结构升级系数，我国中部地区劳动力水平的产业结构升级系数均高于西部地区劳动力水平的产业结构升级系数。由此可知，我国区域产业结构层次高低顺序为：东部最高，中部次之，西部最小，即我国东部地区产业结构升级程度走在全国前列，中部次之，西部产业结构升级等级最低。具体来看，我国东部地区劳动力水平的产业结构升级系数由 1995 年的 1.89 上升到 2014 年的 2.41。由此可见，我国东部地区正由工业化经济特征的经济体向服务业经济特征的经济体演进；我国中部地区劳动力水平的产业结构升级系数由 1995 年的 1.72 上升到 2014 年的 2.05，易知，我国中部地区已由农业经济特征的经济体向工业经济特征的经济体发展演进；我国西部地区劳动力水平的产业结构升级系数由 1995 年的 1.58 上升到 2014 年的 1.84，这说明我国西部地区当前仍未完全脱离农业经济特征的经济体，向工业经济特征的经济体演进路径还较长。

第二，民间投资。在此选用民间投资总额作为代理变量，为满足计量的需要，并对其取自然对数，记为 $Mjtz$，我国民间投资的东部、中部、西部地区发展情形详见第 4 章。

第三，控制变量。影响劳动力流动的因素有很多，在此也需要加入控制变量予以控制。具体来讲，此处选取的控制变量有公共投资、外商投资、需求因素以及城镇化。其中，①公共投资。在此选用各区域公共投资规模作为其代表变量,为满足计量的需要,对其取自然对数,记为 $Ggtz$;相关数据来源于 1994—2014 年《全国统计年鉴》和各省统计年鉴。②外商投资。在此选择外商投资规模占地区 GDP 比重作为代理变量,为满足计量的需要,对其取自然对数,记为 $Wstz$;相关数据来源于 1994—2014 年全国统计年鉴和各省统计年鉴。③平均工资水平。此处选用就业人员年平均工资为代理变量,对其取自然对数,记为 $Pjgz$;相关数据来源于 1994—2014 年全国统计年鉴和各省统计年鉴。④城镇化率。此处以各区域城镇人口占总人口的比例表示城镇化率,对其取自然对数,记为 Czh,相关数据来源于 1994—2014 年《全国统计年鉴》和各省统计年鉴。综上所述,各变量定义及其解释说明如表 5 – 7 所示。

表 5 – 7   各变量定义及其说明

类别	名称	变量符号	变量说明
被解释变量	劳动力水平的产业结构升级系数	$Ldxs$	各区域基于劳动力水平的产业结构升级系数
核心解释变量	民间投资	$Mjtz$	各区域民间投资 = 固定资产投资 – 政府投资 – 外商投资,并取自然对数值
控制变量	公共投资	$Ggtz$	各区域公共投资规模,并取自然对数值
控制变量	平均工资	$Pjgz$	各区域就业人员年平均工资,并取自然对数值
控制变量	外商投资	$Wstz$	各区域外商投资规模,并取自然对数值
控制变量	城镇化率	Czh	各区域城镇人口占总人口比例

(2) 模型形式设定

面板数据模型的一般形式可表示为:

$$Y_{it} = a_i + \beta_i X_{it} + U_{it} (i = 1,2,\cdots N; t = 1,2,\cdots T) \quad (5-2)$$

根据系数的变化,面板数据模型分为变系数模型、变截距模型以及混合回归模型三种,分别对应的形式为式(5 – 2)、式(5 – 3)以及式(5 – 4),在实际应用中,具体采用哪种形式需通过检验确定。

$$Y_{it} = a_i + \beta X_{it} + U_{it}(i = 1,2,\cdots N; t = 1,2,\cdots T) \quad (5-3)$$

$$Y_{it} = a + \beta X_{it} + U_{it}(i = 1,2,\cdots N; t = 1,2,\cdots T) \quad (5-4)$$

检验过程中将用到的两个 F 检验统计量为:

5 民间投资影响产业结构升级的结构效应实证分析

$$F_2 = \frac{(S_3 - S_1)/[(N-1)(K+1)]}{S_1/[NT - N(K+1)]}$$

$$F_1 = \frac{(S_2 - S_1)/[(N-1)K]}{S_1/[NT - N(K+1)]}$$

其中，N 是截面个体数量，T 是样本观测期数，K 是解释变量的数量；S_1 为式（5-2）的残差平方和；S_2 为式（5-3）的残差平方和；S_3 为式（5-4）的残差平方和。模型形式判断准则为，首先假设模型为混合回归模型，即先检验 F_2，如果检验结果不能拒绝相应的原假设，则采用混合回归模型形式；反之，如果结果拒绝相应的原假设，则进一步假设模型为变截距模型，检验 F_1。同理，如果检验结果不能拒绝相应的原假设，则采用变截距模型形式，如果检验结果拒绝相应的原假设，则应采用变系数模型。经计算，$S_1 = 0.0148$，$S_2 = 0.0362$，$S_3 = 0.2468$，从而可得，F_2 在5%的显著性水平下拒绝相应的原假设，且 F_1 也显著地拒绝相应的原假设。同时，进一步的 Hausman 检验结果表明此处应采用固定效应模型。因此，应采用固定效应变系数模型形式。

（3）面板数据单位根检验及协整检验

①面板数据单位根检验

为满足实证计量的需要，需首先对面板数据进行平稳性检验，此处采用 ADF 方法和 PP-Fisher 法两种方法进行检验，检验结果列示于表5-8中。

表5-8 面板数据单位根检验结果

变量	检验方法				结论
	ADF 检验方法		PP-Fisher 检验		
	统计量值	p 值	统计量值	p 值	
$Ldxs$	0.2752	0.9996	0.2427	0.9997	非平稳
$\Delta Ldxs$	28.5783	0.0000	24.0888	0.0000	平稳
$\ln Mjtz$	0.2989	0.9983	1.2800	0.9727	非平稳
$\Delta\ln Mjtz$	58.2566	0.0000	47.9709	0.0000	平稳
$\ln Ggtz$	0.0497	0.9796	0.05487	0.9729	非平稳
$\Delta\ln Ggtz$	11.6790	0.0029	11.5941	0.0030	平稳

续表

变量	检验方法				结论
	ADF 检验方法		PP – Fisher 检验		
	统计量值	p 值	统计量值	p 值	
$\ln Wstz$	4.5153	0.1046	4.1241	0.1272	非平稳
$\Delta \ln Wstz$	18.9836	0.0001	17.1920	0.0002	平稳
$Ln Pjgz$	5.1831	0.0749	5.1831	0.0749	非平稳
$\Delta \ln Pjgz$	15.6973	0.0004	6.4102	0.0406	平稳
$\ln Czh$	0.18526	0.9115	0.1792	0.9143	非平稳
$\Delta \ln Czh$	11.4044	0.0033	11.4010	0.0033	平稳

检验结果表明，在5%的显著性检验水平下，变量 $Ldxs$、$\ln(Mjtz)$、$\ln(Ggtz)$、$\ln(Wstz)$、$\ln(Pjgz)$ 和 $\ln(Czh)$ 的统计量均不显著，表明存在单位根；而一阶差分变量 $\Delta Ldxs$、$\Delta\ln(Mjtz)$、$\Delta\ln(Ggtz)$、$\Delta\ln(Wstz)$、$\Delta\ln(Pjgz)$ 和 $\Delta\ln(Czh)$ 在5%的显著性水平下均拒绝原假设，表明不存在单位根。综上，所有变量同阶单整，各变量可能存在协整关系。

②协整检验

在此使用 Eviews 6.0 软件对面板数据序列 $Ldxs$、$\ln(Mjtz)$、$\ln(Ggtz)$、$\ln(Wstz)$、$\ln(Pjgz)$ 和 $\ln(Czh)$ 进行协整检验（见表5–9）。

表5–9 面板数据序列协整检验结果

统计量	统计量值	P 值
LLC	–6.0225	0.0000
IPS	–6.0593	0.0000
Fisher – ADF	41.0623	0.0000
Fisher – PP	43.7446	0.0000

易知，LLC 检验、IPS 检验、Fisher – ADF 检验和 Fisher – PP 检验结果均表明，原假设"所有截面回归方程的残差序列都有单位根"不成立，因此判断 $Ldxs$、$\ln(Mjtz)$、$\ln(Ggtz)$、$\ln(Wstz)$、$\ln(Pjgz)$ 和 $\ln(Czh)$ 等各变量之间存在协整关系。

(4) 变系数模型检验结果

表5-10 变系数模型估计结果

解释变量	东部		中部		西部	
	系数	P值	系数	P值	系数	P值
C	0.611	0.0000	0.231	0.0000	0.115	0.0000
ln$Mjtz$	0.142***	0.0021	0.021**	0.0382	-0.185***	0.0028
ln$Ggtz$	-0.034	0.3682	-0.039	0.3495	-0.325***	0.0000
ln$Wstz$	-0.033***	0.0083	-0.010	0.3465	0.012	0.2566
ln$Pjgz$	0.072***	0.0046	0.058***	0.0001	0.006***	0.0000
lnCzh	0.768**	0.0112	0.545***	0.0067	0.672**	0.0183
R^2	0.9925					
D-W	2.1842					

注：*、**、***分别表示在10%、5%、1%水平下显著。

由表5-10可知，变系数模型的$R^2=0.9925$，表明该变系数模型的拟合度非常高，整体显著性良好；同时，模型自相关的检验结果表明，D-W统计量与2相近，该模型不存在一阶序列自相关。

核心解释变量民间投资变量。东部地区、中部地区和西部地区民间投资变量均在5%的显著水平为下通过检验，且系数分别为0.142、0.021和-0.185。由此可见，在东中部地区，民间投资的增加可以引起劳动力向高层次产业流动，导致劳动力水平产业结构升级，且东部地区的劳动力水平产业结构升级效应作用大于中部地区劳动力水平产业结构升级效应作用，但在西部地区，民间投资并不存在劳动力水平的产业结构升级效应，这主要是因为我国东部与中部地区民营经济相对发达，民间投资的快速发展对于劳动力在产业间的流动影响深远且重大，且我国的东中部地区的第二、第三产业占比较高，民间投资的增加往往是进入第二、第三产业，促进劳动力水平产业结构升级；同时，东部地区随着产业结构的升级，第三产业的占比不断上升，第三产业往往可以大幅吸收劳动力，从而最终带动劳动力向高层次产业流动。而相对来说，西部地区民间投资占固定资产投资比重较低，公有制经济发达，非公有制经济相对落后，且民间投资的增加往往是流向第一产业等低层次产业，国有公共投资是拉动西部地区经济增长和就业的主要动力，其已吸纳了主要的劳动力。因此，西部地区民间投资劳动力水平的产业结构升级效应不明显。

控制变量方面。公共投资变量在东、中、西部三个地区的系数值均为负数，其中西部地区在5%的显著水平下通过了检验，而东中部地区均不具有统计上的显著性，与前文研究结论一致；外商投资变量在东中部地区的系数值均为负数，但只有东部地区系数在5%的显著水平下显著，中部地区系数统计上不显著，西部地区区系数统计上也不显著，与总体回归结果基本一致；平均工资变量方面，东、中、西部地区系数为正且均通过了5%的显著性检验水平，这表明居民工资水平的提高能够促进我国劳动力水平的产业结构升级。另外，东、中、西部城镇化率变量的估计系数在5%的水平下显著且为正，说明我国城镇化进程促进了我国产业结构转型升级，从估计系数大小看，东部地区促进程度明显高于中、西部地区。

5.2 民间投资的产出水平产业结构升级效应分析

5.2.1 民间投资影响产出水平产业结构升级的经验事实

改革开放初期，我国第一产业占比为28.1%，第二产业占比为48.2%，第三产业占比为23.7%，工业化特征明显，这意味着在计划经济体制下，经过近20年的国家工业化过程，我国已经初步形成了比较完整的工业体系。但尽管此前工业化对我国的经济发展起到了至关重要的推动作用，但毕竟是特殊经济体制下的发展道路，在很大程度上违背了经济发展的客观规律，导致三次产业结构的畸形发展，而且抑制了本该同步发展的农村工业化道路。同时，政策过度偏向第二产业，第二产业的过度发展导致第三产业的发展停滞和萎缩。易知，改革开放以来，依赖国家主导继续推动工业化发展的模式已难以为继，产业结构优化升级成为我国经济结构优化调整的主要部分。未来我国产业结构调整升级的主要动力将来自日益壮大的民营经济（张敏丽等，2007；何南、孟宪军，2013）[212][213]，我国经济结构转型升级需要民间投资助力以及其效益提升（沈炳熙，2011）[264]。同时，民间投资成为局部区域产业结构优化升级的依赖动力已学界共识，如苏华（2004）认为，甘肃省今后产业结构升级必须依靠民间投资的力量[215]；蒲祖河（2008）发现温州应大力引导民间资本参与到产业结构优化升级过程中，不能仅靠外商投资[216]，并且梁志斌（2012）提出了温州区域民间资本参与到产业结构转型升级的创新路径[218]。由此可见，民间投资不可或缺地担当起了新一轮产业结构优化调整升级的重要力量。

民间投资推动了我国产业结构高级化的进程。20世纪90年代以后，我国民间投资发展进入重大突破阶段，股份制经济、个体经济以及私营经济等各种类型的民间投资均取得了突飞猛进的发展。尤其是在第三产业，民间投资发展最为抢眼，民间投资占比稳步上升（除1995—1998年期间由于政策因素影响稍有下降外），由1995年的37.8%快速上升至2014年的59.54%，在总需求效应、资本积累效应以及产业关联效应的作用下，第三产业民间投资的发展相应地强力带动了第三产业对GDP的贡献不断上升，第三产业占比持续提高，由1995年的33.6%上升至2014年的48.1%（见图5-3）。因此，20世纪90年代以来，民间投资的蓬勃发展为我国产业结构的高级化做出了重要贡献。

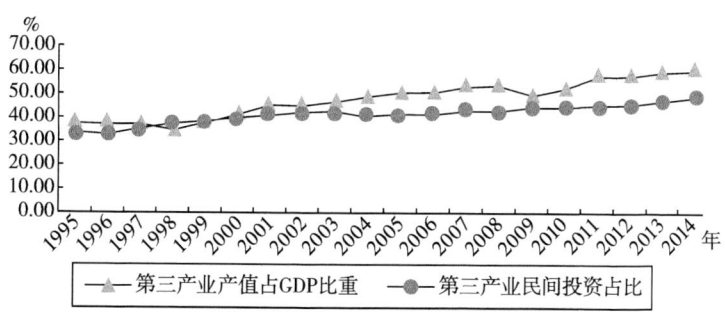

图5-3 我国第三产业产值占比与第三产业民间

投资占比时间序列（1995—2014年）

5.2.2 民间投资产出水平产业结构升级效应的存在性检验

（1）变量选择

此处选取的被解释变量为产出水平的产业结构升级系数；核心解释变量为民间投资；同时纳入其他控制变量，具体说明如下：

第一，产出水平的产业结构升级系数。此处采用前文构建的产出水平的产业结构升级系数公式，计算省际层面产出水平的产业结构升级系数，记为 Ccdxs。由于年份比较多，此处选取 1995 年、2005 年和 2014 年产出水平的产业结构升级系数进行分析，如图 5-4 所示。

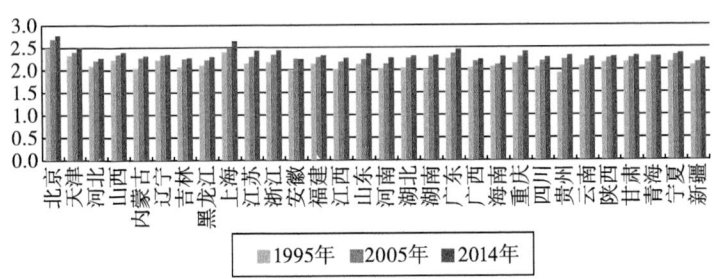

图 5-4　我国省际层面产出水平的产业结构升级系数序列（1995—2014 年）
资料来源：《中国统计年鉴》及各省统计年鉴（1994—2014）。

由省际层面产出水平的产业结构升级系数可以看出，2014 年产出水平的产业结构升级系数较高的区域为河北、上海、江苏、浙江、天津等省市，系数较低的区域为广西、安徽、新疆等省份，并且北京、上海以及广东三区域产出水平的产业结构升级系数遥遥领先于全国水平。同时，可以发现，1995—2014 年，我国所有区域产出水平的产业结构升级系数均保持上升趋势，只有青海地区呈先上升后下降态势，这可能是由其现阶段地方经济发展特殊情形引起的。

第二，民间投资。在此选用省际民间投资总额与 GDP 的比值作为民间投资发展的代理变量，记为 $Mjtz$。

第三，控制变量。此处选取的控制变量有技术进步、公共投资、需求因素、财政支出及对外开放。具体说，①技术进步是产业结构升级主要动力已被众多学者共识（李慧媛，2010；沈俊，2012；等），在此以省际研发经费内部支出（Rd）来衡量；②公共投资（ggtz）根据前人的研究在此设定省际国有经济投资占该区域国内生产总值比重为代理变量；③在影响产业结构调整的需求因素方面，选择省际就业人员年平均工资（Pjgz）来衡量（邢治斌，2015），并取自然对数；④选择省际市场化程度（Sch）来衡量影响产业结构升级的制度特征，数据来源于《中国市场化指数》（樊纲等，2011），由于该指数更新较慢，在此借鉴了俞红海等的做法，以历年市场化指数的平均增长率作为预测2010—2013年度市场化指数的依据；⑤财政支出规模是产业结构升级的重要影响因素，以省际政府财政支出占国内生产总值比重为代理变量（郭杰，2004）；⑥对外开放也是影响产业结构升级的因素，此处用省际进出口总额占国内生产总值比重（Jck）来衡量（刘卫东，2010；张宇，2010）。综上，各变量定义及其解释说明如表5-11所示。

表5-11 各变量定义及其说明

类别	名称	变量符号	变量说明
被解释变量	产出水平的产业结构升级系数	Ccxs	基于产出水平的产业结构升级系数
核心解释变量	民间投资	Mjtz	民间投资规模占地区GDP比重
控制变量	公共投资	Ggtz	公共投资规模占地区GDP比重
	研发投入	Rd	研发经费内部支出的对数值
	就业人员工资	Pjgz	就业人员年平均工资的对数值
	政府财政支出	Czzc	政府财政支出规模占GDP比重
	市场化程度	Sch	市场化指数
	对外开放	Jck	进出口总额占国内生产总值比重

（2）模型构建

为考察民间投资对产出水平产业结构升级的影响，在此构建省级面板数据模型进行实证分析，模型设定如下：

$$Ccxs_{i,t} = \beta_0 + \beta_1 Mjtz_{i,t} + \sum_{j=2}^{n} \beta_j X_{i,t} + \mu_i + \varepsilon_{i,t} \quad (5-5)$$

其中，$Ccxs_{i,t}$代表i地区第t年的产出水平产业结构升级指标，$Mjtz_{i,t}$为解释变量，表示省际民间投资变量；β_1 为核心解释变量的回归系数，刻画了民间投资对产出水平产业结构升级的影响；$X_{i,t}$ 和 β_j 则为控制变量及其对应的回归系数；μ_i 为固定效应，$\varepsilon_{i,t}$ 为随机扰动项。

（3）变量描述性分析

各个变量的描述性统计如表 5-12 所示。基于产出水平的产业结构升级系数平均值为 2.249，最大值为 2.761，最小值为 1.921；财政支出占 GDP 比重平均值为 0.164，最大值为 0.612，最小值为 0.049；市场化指数平均值为 6.143，最大值为 14.623，最小值为 0.939。此处相关变量的数据主要来自历年的《中国统计年鉴》《中国科技统计年鉴》《中国财政统计年鉴》、省际统计年鉴、财政年鉴、国泰安数据库以及中宏数据库等。由于部分变量数据缺失，此处采用平均值、线性推算等方法进行补充。

表 5-12　各变量描述性统计

变量	均值	中位数	最大值	最小值	标准差	样本数
Ccxs	2.249	2.39	2.761	1.921	0.133	570
Mjtz	0.258	0.213	0.747	0.040	0.157	570
Ggtz	0.191	0.172	0.521	0.062	0.077	570
Czzc	0.164	0.146	0.612	0.049	0.081	570
Jck	0.311	0.125	2.051	0.032	0.395	570
Rd	3.462	3.541	7.350	-3.245	1.803	570
Pjgz	9.654	9.640	11.440	7.736	0.755	570
Sch	6.143	5.745	14.623	0.939	2.626	570

（4）回归结果分析

鉴于严谨性考虑，在此对被解释变量、解释变量以及控制变量进行平稳性检验和协整检验，检验结果显示，所有变量均为一阶单整变量，而且各变量间存在协整关系[①]。为考察民间投资对产出水平产业结构升级指数

---

① 面板模型是否需要做单位根检验和协整检验，学术界观点尚未统一，如林毅夫（2006）、谭洪波（2015）等应用面板数据模型时进行并未做单位根检验和协整检验；而马兹晖（2008）、姜晶晶（2015）则在估计面板模型前进行单位根等相关检验。鉴于严谨性考虑，此处对各变量进行单位根检验和协整检验。

的影响，在此给出模型（5-5）混合回归（OLS）、固定效应（FE）以及随机效应（RE）三个估计结果（见表5-13）。F检验结果显示，在1%的显著性水平下拒绝混合回归，接受固定效应；LM检验亦表明模型不能拒绝原假设，表明不存在个体随机效应；同时，Hausman检验发现，在1%的显著性水平下强烈拒绝原假设，由此可知，相较于混合回归与随机效应，此处选择固定效应更为妥当。根据固定效应模型的回归结果可知，核心解释变量民间投资的估计系数为正，且在1%的显著水平下显著，这一结果证实了民间投资对产出水平产业结构升级影响效应存在且为正向，说明近年来我国民间投资的发展，带动了产业由低层级产业向高层级产业演进，从而产出水平的产业结构得以全面升级。

表5-13　民间投资对产出水平产业结构升级影响的实证检验

变量	OLS	RE	FE
$Mjtz$	0.2591***	0.2032***	0.1777***
	(6.68)	(6.86)	(6.16)
$Ggtz$	0.3264***	0.0865*	0.0407
	(5.08)	(1.82)	(0.88)
$Czzc$	0.2084***	0.0059	0.0416***
	(2.59)	(0.09)	(2.6)
Jck	0.0686***	0.0412***	0.0632**
	(14.32)	(2.81)	(2.53)
Rd	0.0191***	0.0225***	0.0213***
	(5.96)	(4.95)	(4.27)
$Pjgz$	0.1378***	0.0766***	0.0630***
	(8.5)	(5.52)	(4.49)
Sch	0.0153***	0.0026	0.0142***
	(4.06)	(0.84)	(4.65)
R^2	0.7405		
F检验			80.32*** [0.0000]
LM检验		181.28*** [0.0000]	

续表

变量	OLS	RE	FE
Hausman 检验			31.43*** [0.0000]

注：变量回归系数下小括号内为相应的 T 统计量；模型设定检验的右方括号内为其对应的 P 值；同时，由于固定效应模型不使用聚类稳健的标准差，而使用普通标准差，因此 F 检验并不一定有效，进一步的 LSDV 法检验表明不应使用混合回归；***、**、* 分别表示在 1%、5%、10% 的水平下显著。

公共投资的系数为正，但在统计上不显著，这表明公共投资的发展在一定程度上有助于提升我国产业结构的升级；这与杨大楷和孙敏（2009）、张宏霞（2010）的研究结论相一致。政府财政支出变量与产出水平产业结构升级存在显著正向关系，且在统计上高度显著，说明政府财政支出的提高明显地促进了我国产业结构升级。这与杨大楷和孙敏（2009）、张宏霞（2010）、储德银和建克成（2012）等的研究结论一致；研发投入变量的回归系数显著为正，表明企业研发投入的增加有利于我国产业结构的升级。这是由于企业的研发投入可以促进技术创新的形成，而技术创新则会促使产业结构升级；市场化指数变量的系数为正，并在 1% 的显著性水平下通过检验，这意味着我国市场化程度的不断提高带动了我国产业结构的升级；居民工资水平变量的回归系数显著为正，这说明居民工资水平的提高能够促进我国产业结构升级；进出口占国内生产总值比重变量的估计系数为正，且在 5% 的水平下显著，这表明对外贸易的发展促进了我国产出水平的产业结构升级。

5.2.3 民间投资产出水平产业结构升级效应的区域差异性检验

此处将基于分组样本估计讨论民间投资对产出水平产业结构升级的区域差异性影响。依据国家统计局对东部、中部、西部的划分，设计如下三个子样本进行回归。其中，子样本一从全体样本中选取东部地区的省份，包括北京、天津、辽宁、河北、江苏、上海、福建、浙江、山东、广东、海南 11 个省份；子样本二从全体样本中选取中部地区的省份，包括山西、吉林、江西、黑龙江、河南、安徽、湖北、湖南 8 个省份；子样本三从全体样本中选取西部地区的省份，包括内蒙古、重庆、广西、四川、贵州、陕西、云南、宁夏、青海、甘肃、新疆11个省份。下面具体对我国民间投资产出水平产业结构升级效应的区域差异性进行分析。

（1）变量选择

此处选取的被解释变量为产出水平的产业结构升级系数；核心解释变量为民间投资；同时也纳入其他控制变量。考虑数据的可得性与一致性，此处选取全国除去西藏与港澳台地区的30省份作为研究样本，样本区间设定为1995—2013年。数据来源于《中国统计年鉴》《中国科技统计年鉴》《中国人口和就业统计年鉴》、国研网数据库、《新中国六十年统计资料汇编》，以及国家社科基金重大项目"民间资本供求风险防范及其健康发展研究"（12&ZD071）的调研数据。具体说明如下：

①产出水平的产业结构升级系数。此处仍然参照前文构建的产业结构升级系数公式，计算我国东部、中部、西部的产出水平的产业结构升级系数，记为CLdxs，如图5-5所示。

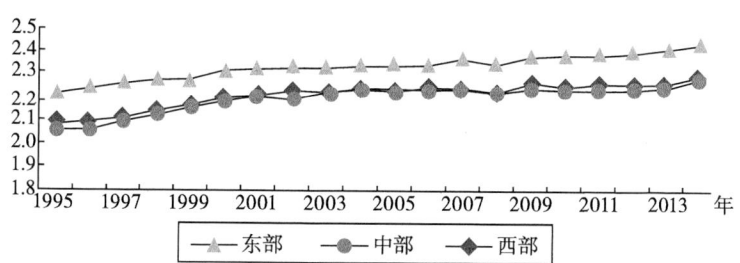

图5-5 我国东部、中部、西部劳动力水平的
产业结构升级系数序列（1995—2014年）

资料来源：《中国统计年鉴》及各省统计年鉴（1994—2014）。

1995—2014年，我国东部、中部、西部地区产出水平的产业结构升级系数均呈稳步上升趋势，也符合产业结构升级演进的一般规律。总体上看，1995—2014年，我国东部地区产出水平的产业结构升级系数高于中西部地区产出水平的产业结构升级系数，由此可知，我国区域产业结构层次呈东高、中西低的特点，即我国东部地区产出水平产业结构升级程度走在全国前列，中西部产出水平产业结构升级等级相对较低。具体来看，我国东部地区产出水平的产业结构升级系数由1995年的2.22上升到2014年的2.43，由此可见，我国东部地区正由工业化经济特征的经济体向服务业经济特征的经济体演进，与上节基于劳动力水平产业结构升级结论一致；我国中部地区产出水平的产业结构升级系数由1995年的2.06上升到2014年的2.28；我国西部地区产出水平的产业结构升级系数由1995年的2.09上升到2014年的2.29，易知，我国中西部地区仍处于工业经济特征的经济体发展演进阶段，当前仍未完全脱离工业经济特征的经济体。

②核心解释变量与控制变量。核心解释变量民间投资在此依然选用民间投资规模与GDP的比值作为民间投资发展的代理变量，记为$Mjtz$；控制变量仍为上节前述的相关变量。

（2）模型构建

为考察分区域民间投资对产出水平产业结构升级的影响，此处构建省级面板数据模型进行实证检验，模型设定如下：

$$Ccxs_{i,t} = \beta_0 + \beta_1 Mjtz_{i,t} + \sum_{j=2}^{n} \beta_j X_{i,t} + \mu_i + \varepsilon_{i,t} \quad (5-6)$$

其中，$Ccxs_{i,t}$代表i地区第t年的产出水平产业结构升级指标；$Mjtz_{i,t}$为解释变量，表示省际民间投资变量；β_1为核心解释变量的回归系数，刻画了民间投资对产出水平产业结构升级的影响；$X_{i,t}$和β_j则为控制变量及其对应的回归系数；μ_i为固定效应；$\varepsilon_{i,t}$为随机扰动项。

（3）回归结果分析

为考察东部、中部以及西部三个子样本内民间投资对产出水平产业结构升级的影响，在此给出模型（5-6）混合回归（OLS）、固定效应（FE）以及随机效应（RE）三个估计结果（见表5-14）。经检验，在三个子样本中模型设定的F检验结果显示，在5%的显著性水平下均拒绝混合回归，接受固定效应；Hausman检验发现，在1%的显著性水平下强烈拒绝原假设。由此可知，相较于混合回归与随机效应，此处三个子样本方程应选择固定效应模型形式，相关回归结果列示于表5-14。

表5-14 民间投资产出水平产业结构升级效应的分区域回归结果

变量	子样本1	子样本2	子样本3
$Mjtz$	0.2462***	0.2107***	0.1812***
	(5.73)	(6.78)	(5.97)
$Ggtz$	0.0514	0.2723**	0.3648***
	(0.86)	(2.37)	(9.53)
$Czzc$	0.0529**	0.0363**	0.0482**
	(1.98)	(2.26)	(2.19)
Rd	0.0343***	0.0251***	0.0142**
	(4.89)	(5.82)	(2.56)
Sch	0.0231***	0.0127***	0.0135**
	(5.79)	(3.64)	(1.99)
$Pjgz$	0.4161***	0.3179**	0.0928***
	(5.93)	(2.48)	(4.72)
Jck	0.0789***	0.0335**	0.0192
	(8.57)	(2.29)	(1.04)
Hausman检验	33.25*** [0.0000]	27.82*** [0.0000]	28.25*** [0.0000]

注：回归系数下小括号内为系数相对应的T统计量；模型设定检验右方括号内为模型相对应的P值；***、**、*分别表示在1%、5%、10%的水平下显著。

子样本1、子样本2与子样本3中，整体上看，民间投资对产出水平产业结构升级的影响存在一定的区域性差异（见表5-14）。核心解释变量民间投资的系数分别为0.2462、0.2107与0.1812，说明不同区域，民间投资的产出水平产业结构升级效应存在差异，其中，该效应在东部区域最大，中部次之，西部最小。这主要是因为我国东部地区市场化程度高，民营经济发展较早较快，民间投资规模增长快速，东部区域各产业发展特别高技术产业的壮大主要动力来源于民间投资。因此，东部地区民间投资对于产出水平的产业结构升级影响显著，而相对来说，我国中西部地区民间投资规模较小，且市场化等制度障碍较多，导致民间投资发展滞后，因此中西部地区民间投资对于产出水平产业结构升级的影响相对较小。

控制变量方面。公共投资的系数在三区域均存在差异，其中，东部地区系数为正，但在统计上不显著，中部地区系数为正，且5%的显著性水平下通过检验，西部地区系数最大且为正，在5%的显著性水平下通过检验。由此可见，公共投资产出水平产业结构升级效应在西部地区最大，中部次之，东部最小且不显著。这是因为长期以来，我国中西部地区国有经济发达，引领产业结构升级的高新技术产业也主要由国有企业占领，且公共国有经济投资占有主体地位，而东部地区民间投资发达，公共投资早已失去主体地位，因此中西部地区公共投资对于产业水平产业结构升级的影响较大且显著，而东部地区该效应则不显著。另外，其他控制变量的系数符号与全体样本的估计结果基本保持一致，且不是本书重点关注的变量，相关分析略去。

5.3 民间投资的效率水平产业结构升级效应分析

5.3.1 民间投资影响效率水平产业结构升级的经验事实

我国自20世纪90年代确立实行社会主义市场经济以来，以往计划经济下的资源配置模式逐步向市场配置资源模式过渡，市场在资源配置中的作用越来越重要。同时，2005年2月，国务院首部以促进非公有制经济发展为主题的中央政府文件"旧36条"发布，民间投资逐步浮出水面，非公有制经济的市场准入条件逐步放宽；2010年5月，为进一步鼓励民间投资发展，国家又发布了"新36条"，投资范围和领域进一步拓宽，并明确指出鼓励民间投资加强自主创新和转型升级，引导民间投资进入战略性新兴产业、高技术产业等。统计数据显示，2010年我国民间投资的民营中小企业占全国企业总数的比例已达99%，产值占我国GDP的比例为60%，创造我国近80%的创新技术与产品。易见，民间投资在繁荣经济、推动技术创新、改善效率等方面发挥着日益重要的作用，已经成为我国经济建设的主体力量。理论上讲，在市场经济竞争效应的作用下，一方面，民间投资必须高度重视研发、新技术应用等方面的投资，专注于提升自身自主创新，提高自身核心竞争力，挤出市场中的低效率投资，淘汰劣质企业投资，促使整个经济体运行效率的提升与产业结构升级；另一方面，生产要素在市场竞争机制主导下可以自主地流向高附加值高技术产业，从而提高经济产业运行效率。

从我国民间投资的发展实践看，1995—2014年，我国民间投资贡献率呈缓慢爬升趋势，而效率水平产业结构系数则变化较为复杂（见图5-6）。分阶段看，1995—2004年，由于我国民间投资处于地下运行状态，进入诸多行业均面临"玻璃门"与"弹簧门"，因此，虽然此期间民间投资发展取得较大进展，但发展速度相对较慢，相应地，此期间国有投资效率相对低下，加之1998年亚洲金融危机的影响，导致1999年以来效率水平的产业结构系数一直小于1，经济运行效率低下；2005—2014年，随着新旧"36"条政策的发布与落地，我国民间投资规模不断扩大，但由于受国家政策影响民间投资贡献率波动较大，同时，效率水平的产业结构系数此期间大多数年份均大于1，经济运行效率逐年改善。值得说明的是，在此期间内，我国为应对2008年国际金融危机影响，2009年实行投放"4万亿"国有投资的经济刺激政策，在此政策刺激影响下，民间投资也迅速跟进，当年民间投资贡献率高达1.143，随着"强行针式"政策效果的消失，民间投资以及民间投资贡献率也跟随回落，直到2011年民间投资贡献率跌至0.456，又得益于2010年国家鼓励民间投资发展的"新36条"文件影响，其后民间投资再一次快速发展，到2013年民间投资贡献率再次到达峰值1.135；同时，受2008年国际金融危机以及刺激政策影响，效率水平的产业结构系数在2010年时仅为0.877，相对上年效率低下，而此期间其他年份效率水平产业结构系数均大于1，经济效率处于一直有所改善状态。

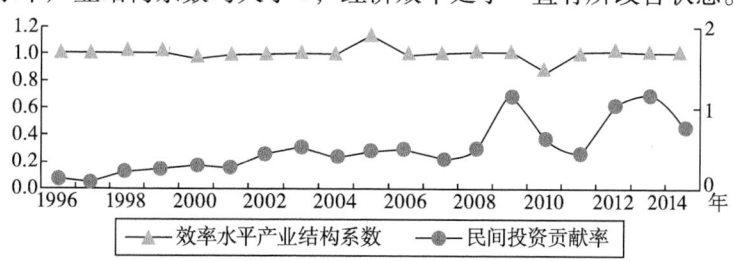

图5-6 我国民间投资贡献率与效率水平产业结构系数时间序列（1996—2014年）

5.3.2 民间投资效率水平产业结构升级效应的存在性检验

（1）模型设定

为实证考察民间投资对全要素生产率的影响，借鉴 Levine（1997）、Buera 等（2011）、潘士远和罗德明（2006）的建模思想，模型设定如下：

$$Y_{it} = \text{TFP}_{it} \times F(L_{it}, K_{it}) \qquad (5-7)$$

其中，Y 为国内生产总值，TFP 为全要素生产率，L 为劳动要素，K 为资本要素；i 和 t 分别表示区域与时间。在此假定民间投资为全要素生产率的一个影响因素，因此可得：

$$A(Mjtz, \text{ControlVariable}) = A_{i0} \times Mjtz^{\alpha} \times \text{CV}^{\beta} \qquad (5-8)$$

其中，$Mjtz$ 代表民间投资，Control Variable（简化为 CV）为其他控制变量。

结合式（5-8）、式（5-7），可以得到：

$$Y_{it} = A_{i0} \times F(L_{it}, K_{it}) \times Mjtz^{\alpha} \times \text{CV}^{\beta} \qquad (5-9)$$

对式（5-9）进一步变换可得：

$$\text{TFP} = \frac{Y_{it}}{F(L_{it}, K_{it})} = A_{i0} \times Mjtz^{\alpha} \times \text{CV}^{\beta} \qquad (5-10)$$

对式（5-10）两边取对数可得：

$$\ln(\text{TFP}) = \ln(A_{i0}) + \alpha\ln(Mjtz) + \beta\ln(\text{CV}) \qquad (5-11)$$

在此采用基于 DEA 的 Malmquist 生产率指数对 TFP 进行测算，关于 DEA-Malmquist 生产率指数方法详见第 4 章。在式（5-11）的基础上构建此处所需要的计量模型：

$$\ln(\text{TFP}) = \alpha_0 + \alpha_1\ln(Mjtz) + \beta_i\ln(\text{CV}) + V_{it} + \varepsilon_{it} \qquad (5-12)$$

根据现有相关研究，应加入式（5-12）的控制变量有：研发经费支出（记为 Yf）、外商直接投资（记为 Wstz）、政府财政支出（记为 Zfzc）、进出口水平（记为 Jck）、人力资本（记为 Rlzb）、城市化水平（记为 Czh）。因此，模型设定如下：

$$\ln(\text{TFP}) = \alpha_0 + \alpha_1\ln(Mjtz) + \beta_1\ln(Yf) + \beta_2\ln(Rlzb) + \beta_3\ln(Wstz) + \beta_4\ln(Jck) + \beta_5\ln(Zfzc) + \beta_6\ln(Czh) + V_{it} + \varepsilon_{it} \qquad (5-13)$$

可将上述模型简写为：

$$\mathrm{TFP}_{i,t} = \beta_0 + \beta_1 Mjtz_{i,t} + \sum_{j=2}^{n} \beta_j X_{i,t} + \mu_i + \varepsilon_{i,t} \qquad (5-14)$$

其中，$\mathrm{TFP}_{i,t}$ 代表 i 地区第 t 年效率水平产业结构升级指标；$Mjtz_{i,t}$ 为解释变量，表示民间投资变量；β_1 为核心解释变量的回归系数，刻画了民间投资对效率水平产业结构升级的影响；$X_{i,t}$ 和 β_j 则为控制变量及其对应的回归系数；μ_i 为固定效应参数；$\varepsilon_{i,t}$ 为随机扰动项。

（2）变量选择

此处选取的被解释变量为效率水平的产业结构升级系数；核心解释变量为民间投资；同时纳入其他控制变量，具体说明如下：

第一，效率水平的产业结构升级系数。此处测算我国省际层面各产业的全要素生产率指数的方法是 DEA – Malmquist 指数法，并依据前文构建效率水平的产业结构升级系数公式，计算省际层面效率水平的产业结构升级系数，记为 XLdxs。由于年份比较多，此处选取1995年、2005年和2014年效率水平的产业结构升级系数进行分析，如图5－7所示。

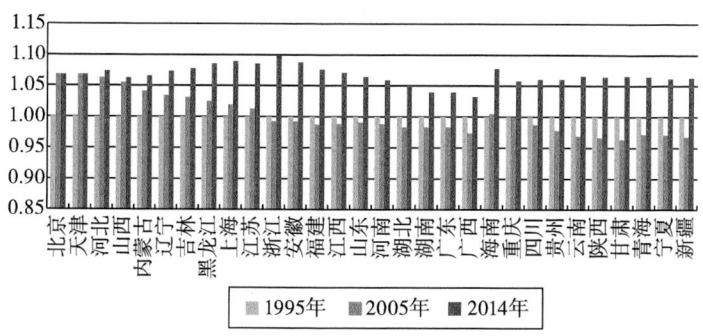

图5－7　我国省际层面效率水平的产业结构升级系数序列（1995—2014年）

资料来源：《中国统计年鉴》及各省统计年鉴（1994—2014）。

从省际层面效率水平的产业结构升级系数可以看出，2014年，效率水平的产业结构升级系数较高的区域为江苏、浙江、海南等省份，系数较低的区域为广东、广西等省份。同时可见，各区域的效率水平的产业结构升级系数在时间上的趋势变化复杂，有些区域呈上升趋势，如北京、河北、内蒙古、吉林、黑龙江、上海、江苏等省份；有些区域呈先上升、后下降趋势，如天津；有些区域则是呈先下降、后上升趋势，如浙江、安徽、福建、山东、江西、河南、湖南、湖北、广西、广东、贵州、四川、甘肃、陕西、宁夏、青海、新疆等省份。

第二，民间投资。在此选用省际层面民间投资总额与 GDP 的比值作为民间投资发展的代理变量，记为 $Mjtz$。

第三，控制变量。此处选取的控制变量有外商投资、对外开放、人力资本、政府财政支出、城镇化率以及研发支出。其中，①外商投资。在此选择省际层面外商投资规模占地区 GDP 比重作为代理变量，记为 $Wstz$。②对外开放。此处用省际层面进出口总额占国内生产总值比重（Jck）来衡量，指标计算过程中进出口总额的美元到位使用人民币—美元汇率年平均价换算成以人民币计价。③人力资本。借鉴参考陈削（2004）的做法，受教育程度划分为 5 个层次，分别为文盲、小学、初中、高中以及大专及以上，然后用省际层面大专以上人口占比（$Rlzb$）作为人力资本的代理变量。④政府财政支出。以省际层面政府财政支出占国内生产总值比重（$Czzc$）为代理变量。⑤城镇化率此处以省际层面各省城镇人口占总人口的比例表示城镇化率，记为 Czh。⑥研发支出。在此以省际层面研发经费内部支出（Rd）来衡量。综上，各变量定义及其解释说明如表 5-15 所示。

表 5-15 各变量定义及其说明

类别	名称	变量符号	变量说明
被解释变量	效率水平的产业结构升级系数	TFP	各省基于效率水平的产业结构升级系数
核心解释变量	民间投资	$Mjtz$	各省民间投资规模占地区 GDP 比重
控制变量	外商投资	$Wstz$	各省外商投资规模占 GDP 比重
	对外开放	Jck	各省进出口总额占国内生产总值比重各省
	人力资本	$Rlzb$	各省大专以上人口占总人口比例
	财政支出	$Czzc$	各省政府财政支出占国内生产总值比重
	城镇化率	Czh	各省城镇人口占总人口比例
	研发支出	Rd	各省研发经费支出占 GDP 比重

(3) 变量描述性分析

各个变量的描述性统计如表 5-16 所示。效率水平的产业结构升级系数均值为 0.996，最大值为 1.131，最小值为 0.849；民间投资占 GDP 的比重平均值为 25.8%，最大值为 74.7%，最小值为 4%；外商投资占 GDP 的比重平均值为 3.1%，最大值为 15.8%，最小值为 0.1%。此处研究相关变量的数据主要来自 1994—2014 年的《中国统计年鉴》《中国科技统计年鉴》《中国财政统计年鉴》、各省统计年鉴与财政年鉴以及中宏、国泰安数据库等。

表 5-16　各变量描述性统计

变量	均值	中位数	最大值	最小值	标准差	样本数
TFP	0.996	0.986	1.131	0.849	0.054	570
$Mjtz$	0.258	0.213	0.747	0.040	0.157	570
$Czcc$	0.164	0.146	0.612	0.049	0.081	570
$Rlzb$	0.076	0.105	0.424	0.008	0.063	570
Jck	0.311	0.125	2.051	0.032	0.395	570
$Wstz$	0.031	0.022	0.158	0.001	0.026	570
Rd	0.011	0.009	0.060	0.001	0.010	570
Czh	0.432	0.421	0.896	0.135	0.168	570

(4) 回归结果分析

为防止"伪回归"，在此对被解释变量、解释变量以及控制变量进行平稳性检验和协整检验，检验结果显示，所有变量均为一阶单整变量，而且各变量间存在协整关系。为科学、严谨地考察民间投资对效率水平产业结构升级指数的影响，在此给出模型（5-14）混合回归（OLS）、固定效应（FE）以及随机效应（RE）三个估计结果（见表 5-17）。F 检验结果显示，在 1% 的显著性水平下拒绝混合回归，接受固定效应；LM 检验亦表明模型拒绝原假设，且 Hausman 检验发现，在 1% 的显著性水平下强烈拒绝原假设，由此可知，相较于混合回归与随机效应，此处选择固定效应进行分析较为合适。依据 FE 的回归结果可知：核心解释变量民间投资的估计系数为正，且在 1% 的显著水平下显著，这一结果证实了民间投资对效率水平产业结构升级影响效应存在且为正向,说明近年来我国民间投资的发展,推动了我国产业效率与素质的提升。

表5-17 民间投资对效率水平产业结构升级影响的实证检验

变量	OLS	RE	FE
$Mjtz$	0.0639***	0.0657***	0.0617***
	(5.16)	(4.45)	(6.42)
$Czzc$	0.0301**	0.0142***	0.0221***
	(2.07)	(4.06)	(3.53)
$Rlzb$	0.05	0.1422*	0.1672
	(1.53)	(1.73)	(1.38)
Jck	0.0033	0.0051*	0.0048
	(0.65)	(1.69)	(1.59)
$Wstz$	0.0120*	0.0048*	0.0156**
	(1.88)	(1.76)	(2.56)
Rd	0.0015	0.0028**	0.0023**
	(1.52)	(2.35)	(2.39)
Czh	0.0142**	0.0264***	0.0281***
	(2.13)	(5.97)	(6.32)
R^2	0.6416		
F检验			65.58*** [0.0000]
LM检验		183.47*** [0.0000]	
Hausman检验			36.52*** [0.0000]

注:回归系数下小括号内为T统计量;模型设定检验右方括号内为相应P值;*、**、***分别表示在10%、5%、1%的水平下显著。

在控制变量方面,政府财政支出变量的系数为正,且在1%的显著性水平下统计上显著,这表明政府财政支出行为通过资本积累效应、技术创新效应以及需求效应等产业发展发挥作用(邢治斌,2015),提升了我国产业效率;人力资本变量与效率水平的产业结构升级系数存在显著正向关系,且在统计上高度显著,说明人力资本越高的劳动者,越能够学习新技术并能够促进技术创新,从而促进了我国效率水平的产业结构升级,这与宋费佳(2013)等的研究结论一致;进出口贸易与TFP增长之间没有显著的相关关系，说明近年来的国际贸易并没有显著地提高我国效率水平的产业结构升级；外商投资变量系数为正，且在5%的显著性水平下显著，说明外资利用对效率水平产业结构升级具有正向影响，这与潘文卿（2003）、许培源（2012）等的研究结论相一致。从我国的实践来看，外商资本的进驻，在技术外溢效应作用下，会使全国技术水平以及经济效率不断提高，从而促进了我国效率水平的产业结构升级。研发投入变量的回归系数显著为正，表明企业研发投入的增加有利于我国效率水平的产业结构升级。这是由于企业的研发投入可以促进技术创新，技术创新则会提高全社会技术水平，从而促进产业结构升级；城镇化变量系数通过了1%水平的显著性检验，且为正，这表明我国的城镇化进程促进了我国效率水平的产业结构升级。

5.3.3 民间投资效率水平产业结构升级效应的区域差异性检验

此处将基于分组样本估计讨论民间投资对效率水平产业结构升级的区域差异性影响。按照学界惯用做法，依据国家统计局对东部、中部、西部的划分，设计如下三个子样本进行回归。其中，子样本1从全体样本中选取东部地区的省份，包括北京、天津、辽宁、河北、江苏、上海、福建、浙江、山东、广东、海南11个省份；子样本2从全体样本中选取中部地区的省份，包括山西、吉林、江西、黑龙江、河南、安徽、湖北、湖南8个省份；子样本3从全体样本中选取西部地区的省份，包括内蒙古、重庆、广西、四川、贵州、陕西、云南、宁夏、青海、甘肃、新疆11个省份。下面具体对我国民间投资效率水平产业结构升级效应的区域差异性进行分析。

（1）变量选择

此处选取的被解释变量为效率水平的产业结构升级系数；核心解释变量为民间投资；同时也纳入其他控制变量。考虑数据的可得性与一致性，此处选取全国除去西藏与港澳台地区的30个省份作为研究样本，样本区间设定为1995—2013年。数据来源于《中国统计年鉴》《中国人口和就业统计年鉴》《中国科技统计年鉴》新中国六十年统计资料汇编、国研网数据库以及国家社科基金重大项目"民间资本供求风险防范及其健康发展研究"（12&ZD071）的调研数据。具体说明如下：

第一，效率水平的产业结构升级系数。利用 DEA – Malmquist 指数测算我国东部、中部以及西部省际各产业的全要素生产率。关于省际各产业资本存量测算过程中涉及的当年投资流量、当年固定资产投资的价格指数、基准年份的资本存量以及折旧率等关键变量的确定与前文全国产业全要素生产率测度相一致，请详见本书第 4 章相关部分；在测算出省际各产业全要素生产率以后，此处依据前文构建的产业结构升级系数公式，测算我国省际层面上的效率水平的产业结构升级系数，记为 XLdxs，并利用平均法计算出我国东部、中部以及西部平均效率水平产业结构升级系数（见表 5 – 18）。

表 5 – 18　我国东部、中部以及西部 DEA – Malmquist 指数测算结果

时期	东部	中部	西部
1995—1996	1.0771	1.0583	0.9974
1996—1997	0.9689	0.9815	0.9525
1997—1998	1.0189	1.0286	1.0864
1998—1999	0.9877	0.9769	0.9795
1999—2000	1.0373	1.0416	1.0635
2000—2001	0.9749	0.9785	0.9492
2001—2002	1.0185	1.0120	1.0164
2002—2003	1.0111	1.0171	0.9250
2003—2004	0.9353	0.9371	1.0581
2004—2005	1.0195	1.0050	0.9798
2005—2006	1.0341	1.0378	1.0394
2006—2007	0.9969	0.9950	0.9643
2007—2008	0.9675	0.9639	1.0195
2008—2009	1.0514	1.0511	0.9456
2009—2010	0.9257	0.9235	0.9951
2010—2011	0.9665	0.9836	1.0039
2011—2012	1.0527	1.0459	1.0082

续表

时期	东部	中部	西部
2012—2013	0.8822	0.8911	0.9217
2013—2014	1.0725	1.0659	1.0595
平均值	0.9999	0.9997	0.9982

据表5-18的测算结果，可以看出，整体而言，1995—2014年，我国东部、中部以及西部全要素生产率年均值均小于1，说明该时期内我国产业效率水平并没有得以改善。具体来看，1995—2014年，东部与中部地区均有10个年份全要素生产率年均值大于1，有9个年份全要素生产率年均值小于1，而西部地区均有9个年份全要素生产率年均值大于1，有10个年份全要素生产率年均值小于1，由此可知，我国东中西部的区域全要素生产率在很多年份没有处于合意水平；同时，值得一提的是，2008年全球金融危机爆发，2009—2010年我国东、中、西全要素生产率均小于1，其后随着国家实施"4万亿元"经济政策的刺激影响，2010—2011年我国各地区全要素生产率又回归到合理水平，但尔后短期的经济刺激政策的效果逐步消失，2012—2013年各地区全要素生产率均降至1以下，其中以东部地区下降最为严重为0.8822，西部下降最小为0.9217，这主要是因为2010年以来，我国经济进入新常态发展时期，全球经济呈现低迷状态，总需求不足，东部地区的外向型经济受到严重冲击，故而全要素生产率下降最甚，相对来说，西部地区以大型国有传统经济体为主，因此受到国际外部冲击的程度相对较低。2013年以来，国家采取了各种促进经济结构调整、产业结构升级等政策措施，全国各地区全要素生产率得以全面改善。

第二，核心解释变量与控制变量。核心解释变量民间投资也选用民间投资规模与GDP的比值作为民间投资发展的代理变量，记为 $Mjtz$；控制变量仍为上一节前述的相关变量，包括有外商投资、对外开放、人力资本、政府财政支出、城镇化以及研发支出。

（2）模型构建

为考察分区域民间投资对效率水平产业结构升级的影响，构建省际层

面的面板数据模型进行实证分析,模型形式设定为:

$$\text{TFP}_{i,t} = \beta_0 + \beta_1 Mjtz_{i,t} + \sum_{j=2}^{n} \beta_j X_{i,t} + \mu_i + \varepsilon_{i,t} \quad (5-15)$$

其中,$\text{TFP}_{i,t}$ 表示 i 地区第 t 年效率水平的产业结构升级指标;$Mjtz_{i,t}$ 为解释变量,表示民间投资变量;β_1 为核心解释变量的回归系数,刻画了民间投资对效率水平产业结构升级的影响;$X_{i,t}$ 和 β_j 则为控制变量及其对应的回归系数;μ_i 为固定效应;$\varepsilon_{i,t}$ 为随机扰动项。

(3)回归结果分析

为考察东部、中部以及西部三个子样本内民间投资对效率水平产业结构升级指数的影响,此处采用静态面板的混合效应(OLS)、固定效应(FE)与随机效应(RE)估计方程,经检验,在三个子样本中模型设定的 F 检验显著地拒绝混合回归模型;Hausman 检验发现,在 1% 的显著性水平下强烈拒绝原假设,由此可知,三个样本的计量方程都应当选用固定效应模型形式,回归结果列示于表 5-19 之中。

表 5-19 民间投资效率水平产业结构升级效应的分区域回归结果

变量	子样本 1	子样本 2	子样本 3
$Mjtz$	0.0721***	0.0664***	0.0511
	(4.52)	(4.81)	(1.55)
$Czzc$	0.0296**	0.0227**	0.0282***
	(2.03)	(2.38)	(3.87)
$Rlzb$	0.1257**	0.1135*	0.0263
	(2.14)	(1.74)	(1.52)
Jck	0.0053***	0.0016*	0.0009
	(5.96)	(1.74)	(1.36)
$Wstz$	0.0168***	0.0124*	0.0081
	(6.39)	(1.80)	(1.29)
Rd	0.0027***	0.0016***	0.0011**
	(5.62)	(4.76)	(2.49)
Czh	0.0265***	0.0214**	0.0189*
	(7.95)	(2.38)	(1.99)

续表

变量	子样本1	子样本2	子样本3
Hausman 检验	33.25 *** [0.0000]	27.82 *** [0.0000]	28.25 *** [0.0000]

注：变量回归系数下小括号内为相应的 T 统计量；模型设定检验的右方括号内为其对应的 P 值；＊＊＊、＊＊、＊分别表示在1%、5%、10%的水平下显著。

从估计结果看，子样本1、子样本2与子样本3核心解释变量民间投资效率水平产业结构升级效应存在显著的区域性差异（见表5-19）。民间投资变量的系数分别为0.0721、0.0664与0.0511，但西部区域系数并不具统计上的显著性，这说明民间投资效率水平产业结构升级效应东部区域最大，中部居中，西部最小。这主要是因为东中部地区市场化程度相对较高，民营经济发达，民间投资旺盛，成为产业结构转型升级的重要力量，而西部地区国有经济规模大，民间投资起步晚，且市场化程度较低，因此西部地区民间投资效率水平产业结构升级效应不显著。控制变量方面，三个子样本政府财政支出的系数均为正，但在统计上在5%的显著性水平下均显著，与前文研究结论一致；其他控制变量人力资本、对外开放、外商投资、研发支出、城镇化等变量的系数符号与全体样本的估计结果基本保持一致，相关分析略去。

5.4 本章小结

本章着重从劳动力水平、产出水平以及效率水平分析了民间投资影响产业结构升级的结构效应，以我国1995—2014年省际面板数据为样本，采用混合效应模型、变系数模型、固定效应模型与随机效应模型等前沿计量方法实证分析了民间投资的产业结构升级结构效应的存在性与区域差异性。研究发现，第一，民间投资劳动力水平产业结构升级效应客观存在，且该效应存在区域差异性，即东中部地区劳动力水平产业结构升级效应存在，东部地区的劳动力水平产业结构升级效应大于中部地区劳动力水平产业结构升级效应，但在西部地区，由于其公有制经济发达，且民间投资往往是流向第一产业等低层次产业，国有公共投资是拉动西部地区经济增长和就业的主要动力，其已吸纳了主要的劳动力，因此民间投资并未引起其劳动力水平的产业结构升级效应。第二，民间投资产出水平产业结构升级效应存在，且存在显著的区域差异性，即该效应在东部区域最大，中部次之，西部最小。第三，民间投资效率水平产业结构升级效应存在，且存在区域差异性，即该效应在东部区域最大，中部次之，西部最小，但西部区域该效应并不具统计上的显著性。

6 民间投资影响产业结构升级的综合效应实证分析

6.1 民间投资对产业结构升级的综合影响分析

6.1.1 民间投资影响产业结构升级的理论分析

从需求与供给的角度讲，民间投资具有双重属性，既可创造当期需求，又可创造未来期供给；从社会大生产的角度说，民间投资是企业再生产的重要手段，也是扩大再生产的重要推动力。产业结构演进路径与规律其实就是在需求拉动与供给推动双重动力下形成的，而民间投资能够引起需求与供给变动，由此可知，民间投资是产业结构调整升级的重要推动力。具体来说，民间投资可以从需求与供给两个渠道促使产业结构沿着固有的路径演进，促进产业结构不断实现合理化和高度化。

民间投资影响产业结构升级的基本途径是增量投入和存量调整。民间投资的增量投入能够促使新兴产业部门产生，催生新技术产业，提高技术水平，从而改变原有较低层次的产业结构状态，有利于产业结构优化升级。而民间投资的存量调整是指通过重新配置现有产业内生产要素的组合方式以达到技术比例优化或规模经济状态，从而实现产业结构优化升级。在现实的经济活动中，民间投资的增量投入和存量调整并非独立进行，二者相互结合、相互补充，共同促进产业结构优化升级。事实上，民间投资作用于产业结构升级的增量投入和存量调整途径均是通过不断优化投资结构以逼近最佳投资结构的方式推动产业结构升级。从理论上讲，当前产业结构是由前期的投资结构所引起的,而当前投资结构决定未来产业结构状态。由此可知,民间投资的运用及投向改变着当前投资的规模与分配,从而导致当前产业结构的变迁。同时,民间投资也影响着整个社会的技术结构,这一点主要体现在民间投资对于新技术产业发展的支持上。一方面,民间投资通过直接参与入股的形式进入新技术产业;另一方面,民间投资则可以通过风险投资、私募基金等渠道为新技术产业提供融资支持,促进高新技术产业的快速发展。

6.1.2 民间投资影响产业结构升级的作用机制分析

民间投资作用于产业结构升级的过程为:民间投资增加—资金分配结构变化—生产要素分配结构变化—资金存量结构变化—产业结构变动升级。具体表现为:当民间投资进入某一产业之后,首先增加该产业的资本流量,随后通过产业关联性分别对前向关联产业和后向关联产业产生影响,表现在提升关联产业的生产技术水平,合理分配生产要素投入,改变生产要素分配结构,提高资本存量,改善资本质量,从而促进资源在产业内的优化配置和劳动力在产业间的转移等方面,最终带动产业结构的调整与升级。该作用机制通过两方面实现:一方面,促进产业结构由低层次、低等级向高层次、高等级(即高技术、高资本密集和高加工度产业)演进;另一方面,通过供求调节和产业关联机制对各部门间的资源进行优化配置,即协调资源在各部门间的比例关系,促进资源的优化配置,促使产业结构的不断合理化与高级化,进而实现产业结构升级。而产业结构的优化升级又会推动经济发展,经济发展对产业结构产生反作用,对产业结构调整提出更高的要求,同时吸引下一轮的民间投资热潮,从而形成产业结构调整升级与经济健康发展的良性循环。

在此着重从如下三个方面分析民间投资影响产业结构升级的作用机制。第一,民间投资能够促进产业规模扩张。民间投资通过影响资本结构改善资本质量,不仅有利于三次产业规模的增加,而且会促进三次产业生产率的提高,优化资源配置,提升产业总量水平,促进产出水平的产业结构升级。具体来看，首先，新增民间投资会改变资本流量，增加资本总量，改善资本结构，提高资本存量的质量；其次，民间投资会通过入股重组等方式对产业进行改组，使重组后资产的利用效率得到提高；再次，民间投资会吸引更多质量较高的资本进入生产率高的产业，使产业资产的质量水平得到提升；最后，民间投资可以通过产业之间的关联性带动上下游各产业的协调发展。第二，民间投资能够促进产业结构优化升级。首先，由于民间投资的逐利性，其资本会投向不同性质的产业，投资可以引起生产要素相应流动，因此促进生产要素结构的改善，从而使产业结构得以合理转换升级。其次，民间投资可以优化资源配置。阻碍经济发展的问题之一就是资金资源的不足，民间投资还可以有效弥补经济发展的资金，接着促进该地区技术、管理、营销、人才的发展，使产业起到示范与带动作用，产业结构得以优化。最后，民间投资会提高资源的利用效率。新增的民间投资会通过各种方式对产业进行改组，使产业资源得到重新组合，同时新增投资会促进就业，并使劳动力在三次产业之间合理分配，促进劳动力水平的产业结构升级。第三，民间投资促进产业效率提升。首先，民间投资可以促进技术创新与发展，而根据新古典经济增长理论，经济增长的决定性因素之一是技术水平的进步。随着民间投资的发展，其投向开始向高技术和高知识密集型产业转型，从而促进产业产品的深度加工及技术发展，提高附加值，进而促进效率水平的产业结构升级。另外，民间资本进入高技术新兴产业会改变市场格局，使产业之间的竞争度升级。在日趋激烈的市场竞争中，传统产业为求得生存与发展的一席之地，就必须加快自身在技术、产业规模、经营管理方式以及经营模式的改变，加快自身重组与改造的步伐，促进产业结构升级。

6.1.3 民间投资影响产业结构升级的研究假设提出

从宏观层面上看，民间投资对产业结构升级的促进作用主要包括创造效应、需求效应和研发效应。第一，创造效应。民营企业投资具有明显的生产性特征，因为投资可以被作为直接进入生产函数的生产要素，促进资本积累，特别是民间投资进入公共基础行业能够吸引高技能劳动力不断流入，进而使得产业集聚效应逐渐形成，这对于增加投资、促进产出具有重要作用。第二，需求效应。首先，由于需求是促进经济增长的"三驾马车"之一，民间投资可以直接形成总需求，提升当前的投资与消费需求，促进产出增加；其次，根据投资乘数的原理，民间投资能够形成巨量消费需求，进而能够增加产出；最后，民间投资可以对总需求产生直接的影响，通过产业间的前后向关联效应，促进产业的总产出增加，从而影响产业结构变动。第三，研发效应。该效应的理论基础是内生经济增长理论，主要是指民间投资对决定经济增长的人力资本、研发、技术等内生变量发生作用，直接或间接对经济增长和产业结构升级产生影响。

从微观层面上看，民间投资主要通过市场竞争效应、技术创新效应以及产业关联效应三种路径影响产业结构升级。第一，市场竞争效应。它是指在市场竞争机制主导下，生产要素可以自主地流动，资源在没有任何外来干预的情况下实现优化配置，整个经济体内生地自发进入良性循环。首先，在市场竞争情境下，市场中产能过剩或产能不足的产业将趋向均衡，这是因为若产业出现产能过剩，市场供给大于需求，价格下降，产能过剩企业将自主缩减产量甚至是退出市场，促使产业供需实现基本均衡；反之，若产业出现产能不足，市场供给小于需求，价格上涨，企业利润增加便会扩大规模，新企业见有利可图也会迅速跟进，如此产业亦能实现供需均衡，因此，民间投资在市场竞争机制下可以保持其投资的合理性和结构优化，促进产业结构升级。其次，在市场机制下，民间投资还可以公平地与国有投资以及外商投资竞争，挤出市场中的低效率投资，促使整个经济体运行效率的提升与产业的升级。最后，新兴产业极具发展潜力，市场预期良好，民间投资在市场机制下将会不断进入跟进，促进产业技术不断提高，推动产业结构升级[217]（沈俊，2011）。第二，技术创新效应。它的具体含义是指民营企业通过发明新技术、创造新设备，致力于提升自身自主创新能力的渠道推动技术进步，促进产业结构升级。技术是民营企业的核心竞争力，民营企业必须对研发、新技术应用等方面进行大幅投资，才能

6 民间投资影响产业结构升级的综合效应实证分析

保持其在市场上长期立于不败之地。民间投资、技术创新以及经济增长在长期内存在持续且正向增强的良性互动[250][252][253]（Kortum et al., 2000；Hellman et al., 2002；罗洎等，2013）。第三，产业关联效应。它是指民间投资通过前向关联、后向关联等产业关联效应促进产业结构升级。易知，各产业之间是相互联系相互依靠不可分割的，而投资是产业发生联系的主要载体，民营经济对于一个产业的投资，必将推动相关产业链协调共同发展，从而可以促进产业结构合理化[254]（A. O. hirschman，1958）。

同时，民间投资通过金融市场影响产业资金的供给和需求，从而影响产业结构升级。在资金市场上，民间投资者一般均是理性人，往往通过成本—收益法来综合权衡利弊，会将资金投资于较高收益的产业。一般来说，民间投资主要通过货币市场、资本市场以及民间金融市场影响产业结构升级。第一，货币市场中主要是民间投资资金，货币市场则主要通过利率、信贷等工具调节短期资金供给与需求，因而能够引导民间投资流向不同的产业，引起产业结构的变动；第二，资本市场（如股票市场）能够为企业提供直接融资民间资金的渠道，资本市场也可以自动地调节资金去向，促进民间投资向利润率高新兴产业流动，促使产业结构优化升级；第三，一直以来，我国一直存在正规金融市场向国有大型企业融资、民间金融市场向民营企业融资的二元金融结构，可见，民间金融市场对于民营企业融资起着十分重要的作用。

基于上述分析，民间投资通过创造效应、需求效应、研发效应、市场竞争效应、技术创新效应、产业关联效应以及金融市场作用于实体经济的产业结构升级，因此，提出如下假说：

假说6-1：民间投资规模的扩大会在整体层面上促进产业结构升级，即与产业结构升级综合指数具有正向关系。

同时，由于我国东中西各地区经济水平不同，民间投资的发展速度与规模存在较大差异[91]（刘希章，2015），各地区市场化程度各异，因此，在此亦提出如下假说：

假说6-2：由于不同地区的经济发展水平、市场化程度等因素的异质性，东中西部不同地区之间民间投资的产业结构升级效应存在差异。

6.2 民间投资对产业结构升级综合影响的研究设计

6.2.1 变量选择及数据来源

（1）被解释变量：产业结构升级综合指数

通过对已有文献的梳理，发现对产业结构调整指标的度量主要有两种。①根据克拉克定律，用非农业产值占总产值的比重这一单一指标度量，如工业产值/GDP 等。②构造产业结构升级调整指数，如廖文龙和龚三乐（2009）[255]构建了摩尔指数来度量；干春晖等（2011）[257]采用泰尔指数衡量产业结构合理性。尽管这两种方法可以度量产业结构调整升级情况，但是不够全面，只反映了产业结构调整升级的某些宏观表象，产业结构升级的更深内涵则不能得到反映。因此，本书在全面梳理能够反映产业结构升级指标的基础上，从劳动力结构水平、产出结构水平以及效率水平三个方面设计能够反映产业结构升级的指标，建立产业结构升级的指标体系，并构建产业结构升级指数。

在劳动力水平指标方面，学术界许多学者大多以第三产业就业占总就业比重、第三产业就业与第二产业比重以及第二产业与第三产业就业之和占总就业比重等指标来衡量，由于当前我国第二、第三产业规模越来越大，使用第二与第三产业就业之和占全社会总就业比重的指标已难以反映我国产业结构升级，因此，此处继续沿用学术界惯用的第三产业就业占总就业比重以及第三产业就业与第二产业比重两个指标来衡量劳动力水平产业结构升级情形。

在产出水平指标方面，诸多文献以第三产业占 GDP 比重、第二产业占 GDP 比重、第二与第三产业产值之和占 GDP 比重、工业总产值占 GDP 比重等指标来衡量产业结构升级的指标。同时，20 世纪 70 年代以来，由于信息技术的飞速发展，开始呈现出"经济服务化"的特征，第三产业增长率较快，因此有学者将第三产业与第二产业产值之比作为度量产业结构的指标（干春晖等，2011）[257]。因此，此处以第三产业产值占GDP比重以及第三产业产值与第二产业产值之比两个指标来衡量产出水平的产业结构升级指标。

在效率水平指标方面，有些学者关注技术水平的提升。高技术产业是典型的高附加值产品行业，是我国未来产业结构升级的战略方向，因而学术界关于产业结构升级衡量指标，有学者选用高技术产业产值占GDP比重作为衡量指标（褚敏、靳涛，2013）[256]。由于产业结构升级会提升单位投入—产出率，能够提高要素利用率，还有学者选择技术进步率作为衡量全要素生产率的指标，具体设计的指标包括企业研发支出占比、增加值率等。另外，由于产业结构升级表征着能源利用率提升、生产成本降低，以及产品利润率的有效提高，也有学者考虑产业结构升级方面的环境与能源利用效率问题，包括单位能耗GDP产值、每立方米空气中颗粒物、单位工业增加值能耗、单位GDP二氧化碳排放量、单位工业产值废气排放量等。李子伦（2014）认为引进新的有助于提高能源利用效率的生产工艺，虽然从短期来说可能会使沉没成本增加，但长期来看，它会增强企业的竞争力和可持续性，从而促进产业结构升级[258]。因此，依据现有研究，本章采用工业增加值率、高技术产业总产值占工业总产值比例、单位工业增加值能耗、单位能耗GDP、单位工业产值废气排放量以及单位工业产值废水排放量六个指标来衡量效率水平的产业结构升级指标。

通过对上述文献的分析，本书构建了度量产业结构升级的综合指标体系（见表6-1）。

表6-1 产业结构升级指标体系

一级指标	二级指标	三级指标
产业结构升级综合指数	劳动力水平指标	第三产业就业占总就业比重
		第三产业就业与第二产业之比
	产出水平指标	第三产业产值占GDP比重
		第三产业产值与第二产业产值比重

续表

一级指标	二级指标	三级指标
产业结构升级综合指数	效率水平指标	高技术产业总产值占工业总产值比重
		工业增加值率
		单位能耗 GDP 产值
		单位工业增加值能耗
		单位工业产值废气排放量
		单位工业产值废水排放量

产业结构升级所包含的三方面内容既相互依赖又相互影响，同时又各自有着自身特定的含义，各个二级指标内部也有这个特征，所以直接赋予指标权重将会忽视各个指标之间的内在关联，影响研究结论的可靠性。为避免上述问题，在此采用因子分析法计算产业结构升级综合指数。

由于指标单位工业增加值能耗、单位工业产值废气排放量和单位工业产值废水排放量是负向指标，本书使用公式 $y = 1/x$ 将其转换为正向指标。同时，考虑到不同指标数据具有不同的单位，不能进行直接比较计算，因此将其标准化。此处采用 $Z_i = \dfrac{X_i - \mu_i}{\sigma_{ii}}, i = 1, 2, \cdots, 10$ 形式，其中，μ_i 为变量 X_i 的平均值，σ_{ii} 是变量的标准差。

对此处选取的指标进行 KMO 检验和 Bartlett 检验，其中 KMO 值为 0.788；Bartlett 统计量为 678.523，表明适合进行因子分析。通过对指标体系进行因子分析，发现所选指标可以用 F_1 因子、F_2 因子和 F_3 因子三个因子来表示（见表6-2）。三个因子的累积方差贡献率达到 88.08%，说明三个因子对指标信息的提取较为充分。利用各个因子的方差贡献率作为权重，最终可得产业结构升级综合指数。

表6-2 因子分析

产业结构升级指标	旋转后的因子载荷阵		
	F_1	F_2	F_3
第三产业占国内生产总值比例	0.397	0.107	0.374
第三产业与第二产业产值比例	0.530	0.020	0.289

续表

产业结构升级指标	旋转后的因子载荷阵		
	F_1	F_2	F_3
第三产业占总就业的比例	0.116	0.027	0.412
第三产业与第二产业就业的比例	0.377	-0.344	0.135
高技术产业占工业总产值的比例	0.026	0.466	0.310
工业增加值率	0.083	0.620	-0.220
单位能耗GDP	-0.187	0.137	0.404
单位工业增加值能耗	-0.430	0.222	0.308
单位工业产值的废气排放量	-0.351	-0.081	0.343
单位工业产值的废水排放量	-0.235	-0.439	0.262

由于跨越的年份众多，在此选择1997年、2005年和2013年产业结构升级综合指数进行分析，如图6-1所示。

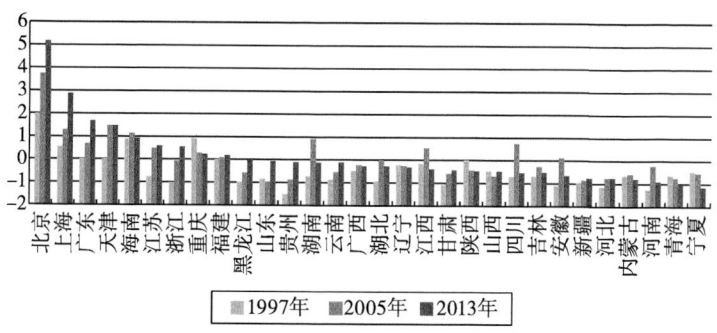

图6-1 产业结构升级综合指数

由图6-1可知，2013年北京、上海、广东、天津等东部发达地区的产业结构升级综合指数较高，宁夏、青海、河南、内蒙古等中西部地区较低，且各地的产业结构升级综合指数在时间层面的发展趋势不同。1997—2013年，北上广等区域的综合指数不断上升，辽宁、重庆、宁夏、青海等地的综合指数下降，其他各地区也有各自不同的变化。出现此现象的主要原因是，在不同因素影响下，产业结构升级综合指数的增减会受到不同程度的影响，如果使综合指数提升的相关指标提高幅度大于不利于产业结构升级综合指数相关指标的恶化程度，那么产业结构升级综合指数就会表现

(2) 核心解释变量：民间投资与公共投资

核心解释变量民间投资（$Mjtz$）在选择其代理变量时有三个候选变量，分别为民间投资增长率、民间投资总额占全社会固定资产投资的比重以及民间投资总额与 GDP 的比值。考虑到指标的适用性以及计量实证的需要，在此选用民间投资总额与 GDP 的比值作为民间投资发展的代理变量。同时，根据前人的研究，在此设定国有经济投资占该区域国内生产总值比重为解释变量公共投资（$Ggtz$）的代理变量。

(3) 控制变量

产业结构升级还受到很多其他因素的影响，需要对其进行控制。本书主要选取四类控制变量，第一类是产业结构升级的供给因素。技术进步是产业结构升级主要动力已被众多学者共识，以研发经费内部支出占国内生产总值比重（Rd）来衡量技术因素；第二类是需求因素。本书选择的衡量需求因素的指标是就业人员的年平均工资（$Pjgz$）（刘希章、邢治斌，2015），并取自然对数；第三类是制度特征。市场会影响资源的配置，从而影响产业结构的调整，因此，本书将衡量制度特征的市场化程度（Sch）作为控制变量，数据来源于《中国市场化指数》（樊纲等，2011），由于该指数更新较慢，在此借鉴了与俞红海等的做法，以历年市场化指数的平均增长率作为预测 2010—2013 年度市场化指数的依据；财政支出规模也是产业结构升级的影响因素，以政府财政支出占国内生产总值比重为代理变量（郭杰，2004）；第四类控制变量是对外开放，用进出口总额占国内生产总值比重（Jck）来衡量（刘卫东，2010；张宇，2010）。综上所述，各变量定义及其解释说明如表 6-3 所示。

表 6-3 各变量定义及其说明

类别	名称	变量符号	变量说明
被解释变量	产业结构升级指数	Y	产业结构升级综合指数
核心解释变量	民间投资	$Mjtz$	民间投资规模占地区 GDP 比重

续表

类别	名称	变量符号	变量说明
控制变量	公共投资	Ggtz	公共投资规模占地区 GDP 比重
	研发投入	Rd	研发支出占 GDP 比重
	就业人员工资	pjgz	就业人员年平均工资的对数值
	政府财政支出	Czzc	政府财政支出规模占 GDP 比重
	市场化程度	Sch	市场化指数
	对外开放	Jck	进出口总额占国内生产总值比重

（4）数据来源说明

考虑到数据的可得性与一致性，此处选取全国除去西藏与港澳台地区的30个省份作为研究样本，样本区间设定为1995—2013年。数据来源于《中国统计年鉴》《中国科技统计年鉴》《新中国六十年统计资料汇编》《中国人口和就业统计年鉴》、国研网数据库以及国家社科基金重大项目"民间资本供求风险防范及其健康发展研究"（12&ZD071）的调研数据。

6.2.2 模型设定

为考察民间投资对产业结构升级的综合影响，此处构建省级层面的面板数据模型进行实证分析，模型形式设定如下：

$$Y_{i,t} = \beta_0 + \beta_1 Y_{i,t-1} + \beta_2 Mjtz_{i,t} + \beta_3 Ggtz_{i,t} + \beta_4 Mjgg_{i,t} + \sum_{j=5}^{9} \beta_j X_{i,t} + \mu_i + \varepsilon_{i,t}$$

(6-1)

其中，$Y_{i,t}$ 代表 i 地区第 t 年的产业结构升级综合指标；$Mjtz_{i,t}$ 为核心解释变量，表示民间投资指标；β_2 为其回归系数，刻画了民间投资的产业结构升级效应；$Ggtz_{i,t}$ 为解释变量，表示公共投资指标；β_3 为其回归系数，刻画了公共投资的产业结构升级效应；为考察民间投资与公共投资的交互影响关系，此处引入 $Mjtz_{i,t}$ 与 $Ggtz_{i,t}$ 的交叉项，记为 $Mjgg_{i,t}$，即 $Mjtz_{i,t} \times Ggtz_{i,t}$；$X_{i,t}$ 和 β_j 则分别为控制变量以及其对应的回归系数；μ_i 为固定效应；$\varepsilon_{i,t}$ 为随机扰动项。由于产业结构升级是一个时间维度上的动态演进过程，模型中也引入了产业结构升级指数的滞后项 $Y_{i,t-1}$ 作为解释变量。

6.2.3 估计方法选择

广义矩估计（GMM）是基于模型实际参数满足一定矩条件而形成的一种参数估计方法，可用来估计动态面板模型。与普通最小二乘法、极大释然估计等方法相比，GMM 估计具有诸多优势：一是可以解决模型存在的内生性问题；二是可以规避模型存在的异方差问题；三是无须事前假定随机项的分布。此处将着重介绍广义矩阵 GMM 法的估计原理。

在此以线性模型为例，介绍 GMM 法的基本原理：

$$y_i = x'_i \beta + \varepsilon_i \quad (6-2)$$

通常对于式（6-2），估计方法是最小二乘（OLS）方法，该方法是 BLUE 的前提假定条件之一为 $E(x_i \varepsilon_i) = 0$。当 $E(x_i \varepsilon_i) \neq 0$ 时，OLS 估计不再有效。此时，需要寻找工具变量，并使用 GMM 方法进行估计。

设定 $g(y,z,x,\beta)$ 为 $l \times 1$ 维的方程，β 是 $k \times 1$ 维，且 $k < l$，因此得：

$$Eg(y_i, z_i, x_i, \beta) = 0 \quad (6-3)$$

其中，z 为 $l \times 1$ 维的工具变量，与同期扰动项正交。如果 $k < l$，则模型不可识别；如果 $k = l$，则模型恰好识别，否则为过度识别。

对于线性模型，与总体矩条件相对应的样本矩条件可表示为：

$$\bar{g}_n(\hat{\beta}) = \frac{1}{n}\sum_{i=1}^{n} g_i(\hat{\beta}) = \frac{1}{n}\sum_{i=1}^{n} x_i(y_i - z'_i\hat{\beta}) = \frac{1}{n}(X'y - X'Z\hat{\beta}) = 0 \quad (6-4)$$

将式（6-4）看作联立方程，方程个数为 l 个，如果过度识别，则 $\hat{\beta}$ 无解。此时，传统的矩估计方法行不通。针对这种情况，最优策略是寻找 $\hat{\beta}$，尽可能地使 $\bar{g}_n(\hat{\beta})$ 逼近于 0。更一般的，可以用一个"权重矩阵" W_n 来构建二次型，通过最小化二次型函数求解参数值。

假定有 $l \times l$ 加权矩阵 W_n，且为对称正定矩阵，从而有：

$$J_n(\hat{\beta}) = n \cdot \bar{g}_n(\hat{\beta})' W_n \bar{g}_n(\hat{\beta}) \quad (6-5)$$

值得说明是，如果 $W_n = I$，有：

$$J_n(\hat{\beta}) = n \cdot \bar{g}_n(\hat{\beta})' \bar{g}_n(\hat{\beta}) = n \cdot \|\bar{g}_n(\hat{\beta})\|^2 \quad (6-6)$$

GMM 估计方法就是使得 $J_n(\hat{\beta})$ 最小,因此,定义 $\hat{\beta}_{GMM} = \arg_\beta J_n(\hat{\beta})$。

可以发现,若 $k = l$,则 $\bar{g}_n(\hat{\beta}) = 0$,GMM 估计方法其实是矩估计方法,它的一阶条件是:

$$0 = \frac{\partial J_n(\hat{\beta})}{\partial \beta} = 2 \cdot \frac{\partial}{\partial \beta} \bar{g}_n(\beta)' W_n \bar{g}_n(\beta) = -2\left(\frac{1}{n}Z'X\right)W_n\left[\frac{1}{n}X'(y - Z\hat{\beta})\right] \quad (6-7)$$

$$2(Z'X)W_n(X'Z)\hat{\beta} = 2(Z'X)W_n(X'y) \quad (6-8)$$

从而 β 的 GMM 估计为:

$$\hat{\beta}_{GMM} = [(Z'X)W_n(X'Z)]^{-1}(Z'X)W_n(X'y) \quad (6-9)$$

在此假定 $W_n \xrightarrow{p} W > 0$,同时令 $Q = E(x_i z'_i)$ 与 $\Omega = E(x_i x'_i \varepsilon_i^2) = E(g_i g'_i)$,由于 $g_i = x_i \varepsilon_i$,因此 $\left(\frac{1}{n}Z'X\right)W_n\left(\frac{1}{n}X'Z\right) \xrightarrow{p} Q'WQ \quad (6-10)$

$$\left(\frac{1}{n}Z'X\right)W_n\left(\frac{1}{n}X'\varepsilon\right) \xrightarrow{p} Q'WN(0,\Omega) \quad (6-11)$$

因而得到定理 1:

$$\sqrt{N}(\hat{\beta} - \beta) \xrightarrow{d} N(0, V) \quad (6-12)$$

$$V = (Q'WQ)^{-1}(Q'W\Omega WQ)(Q'WQ)^{-1} \quad (6-13)$$

为使最小化 V,令 $W_0 = \Omega^{-1}$,从而得到 GMM 估计量(最有效):

$$\hat{\beta}_{GMM} = (Z'X\Omega^{-1}X'Z)^{-1}Z'X\Omega^{-1}X'y \quad (6-14)$$

从而得到定理 2:

$$\sqrt{N}(\hat{\beta} - \beta) \xrightarrow{d} N[0, (Q'\Omega^{-1}Q)^{-1}] \quad (6-15)$$

事实上,$W_0 = \Omega^{-1}$ 为未知,理论上认为只要 $W_n \xrightarrow{p} W_0$,则 $\hat{\beta}$ 为具有有效性的 GMM 估计量。

其实,只考虑加权矩阵 W_n 是弱有效的,Chamberlain(1987)研究发现 GMM 估计量是半参数有效的。若 $W_n > 0$，GMM 估计量是一致性但不是具有有效性。对于线性模型，最好的是 $W_n = (X'X)^{-1}$。在此定义残差 $\hat{\varepsilon}_i = y_i - z'_i \hat{\beta}$，则：

$$\hat{g}_i = x_i \hat{\varepsilon}_i = g(y_i, z_i, x_i, \hat{\beta}), \quad 从而 \quad (6-16)$$

$$\bar{g}_n = \bar{g}_n(\hat{\beta}) = \frac{1}{n} \sum_{i=1}^{n} \hat{g}_i \quad (6-17)$$

$$\hat{g}_i^* = \hat{g}_i - \bar{g}_n \quad (6-18)$$

在此定义：

$$W_n = \left(\frac{1}{n} \sum_{i=1}^{n} \hat{g}_i^* \hat{g}_i^{*'} \right)^{-1} = \left(\frac{1}{n} \sum_{i=1}^{n} \hat{g}_i \hat{g}_i' - \bar{g}_n \bar{g}_n' \right)^{-1} \quad (6-19)$$

则 $W_n \xrightarrow{p} \Omega^{-1} = W_0$，从而得到：GMM 估计量为渐进有效估计量。

W_n 也可以使用 $W_n = \left(\frac{1}{n} \sum_{i=1}^{n} \hat{g}_i \hat{g}_i' \right)^{-1}$，由于 $E g_i = 0$，两个估计量是渐进相等的；若 $E g_i \neq 0$，则估计量存在偏误。

线性模型 GMM 估计量的计算步骤如下，令 $W_n = (X'X)^{-1}$，残差为 $\hat{\varepsilon}_i = y_i - z'_i \hat{\beta}$，模型矩条件为 $\hat{g}_i = x_i \hat{\varepsilon}_i = g(y_i, z_i, x_i, \hat{\beta})$，从而 GMM 估计量是：

$$\hat{\beta} = [Z'X (g'g - n\bar{g}_n \bar{g}'_n)^{-1} X'Z]^{-1} Z'X (g'g - n\bar{g}_n \bar{g}'_n)^{-1} X'y$$
$$(6-20)$$

$\hat{\beta}$ 渐进方差的估计量是：

$$\hat{V} = n [Z'X (g'g - n\bar{g}_n \bar{g}'_n)^{-1} X'Z]^{-1} \quad (6-21)$$

两阶段的 GMM 估计亦可以使用 continuously-updated GMM 估计进行替代，则矩条件方程是：

$$J(\beta) = n \bar{g}_n(\beta)' \left(\frac{1}{n} \sum_{i=1}^{n} g_i^*(\beta) g_i^*(\beta)' \right)^{-1} \bar{g}_n(\beta) \quad (6-22)$$

$$g_i^*(\beta) = g_i(\beta) - \bar{g}_n(\beta) \quad (6-23)$$

从而得定理 3：一般情况下，$\sqrt{N}(\hat{\beta} - \beta) \xrightarrow{d} N[0, (G'\Omega^{-1}G)^{-1}]$，$\Omega = [E(g_i g'_i)]^{-1}, G = E\left[\dfrac{\partial g_i(\beta)}{\partial \beta'}\right]$。$\hat{\beta}$ 的方差使用 $(\hat{G}'\hat{\Omega}^{-1}\hat{G})^{-1}$ 进行估计，$\hat{\Omega} = n^{-1}\sum_i \hat{g}^*_i \hat{g}^{*'}_i, \hat{G} = n^{-1}\sum_i \dfrac{\partial g_i(\hat{\beta})}{\partial \beta'}$。

使用 GMM 估计法进行估计计量方程时，应报告列示出 Sargan 检验结果，以判定模型可能存在的过度识别等问题。

6.3 民间投资对产业结构升级综合影响实证分析

6.3.1 变量描述性分析

各个变量的描述性统计如表 6-4 所示。由于产业结构升级综合指数是标准化处理后的结果，其均值为 0；民间投资占 GDP 的比重平均值为 25.8%，最大值为 74.7%，最小值为 4%；公共投资占 GDP 的比重平均值为 19.1%，最大值为 52.1%，最小值为 6.2%。在此部分的分析过程中，由于个别数据在数据库中缺失而无法取得，故采用插值法、均值法、线性推算法等方法进行填补。

表 6-4 解释变量与被解释变量的描述性统计

变量	均值	中位数	最大值	最小值	标准误差	样本量
Y	0.000	-0.089	2.717	-1.118	0.675	570
Mjtz	0.258	0.213	0.747	0.040	0.157	570
Ggtz	0.191	0.172	0.521	0.062	0.077	570
Sch	6.143	5.745	14.623	0.939	2.626	570
Pjgz	0.311	0.512	2.051	0.032	0.395	570
Czzc	0.164	0.146	0.612	0.049	0.081	570
Jck	0.311	0.125	2.051	0.032	0.395	570
Rd	3.462	3.541	7.350	-3.245	1.803	570

6.3.2 民间投资产业结构升级综合效应的存在性检验

为防止"伪回归",围绕被解释变量、解释变量以及控制变量展开平稳性检验,检验结果显示,所有变量均为一阶单整变量。同时,经协整检验,结果表明各变量间存在协整关系[①]。为考察民间投资对产业结构升级指数的影响,在此给出模型(6-1)混合回归(OLS)、固定效应(FE)以及随机效应(RE)三个估计结果(见表6-5)。F检验结果显示,在1%的显著性水平下拒绝混合回归,接受固定效应;LM检验亦表明模型不能拒绝原假设,表明不存在个体随机效应;同时,Hausman检验发现,在1%的显著性水平下强烈拒绝原假设,由此可知,相较于混合回归与随机效应,此处选择固定效应更为妥当。由表6-5可知,固定效应模型(FE)估计并不完美,纳入的许多控制变量并不显著,这主要是由模型(6-1)的内生性问题导致的,动态面板GMM估计可以很好地解决模型内生性问题,因此在此继续使用动态面板GMM对模型(6-1)进行估计。为了便于对比,将差分GMM(Diff-GMM)与系统GMM(SYS-GMM)估计结果也列示于表6-5内。AR(2)检验结果显示,差分GMM与系统GMM均接受"扰动项无自相关"原假设,均不存在二阶自相关;Wald检验结果表明,强烈拒绝"工具变量与内生变量不相关"原假设,Sargan检验也发现,所有工具变量均有效,据此可以判断动态面板GMM估计合理且适用。依据系统GMM估计结果作如下分析:核心解释变量民间投资的估计系数显著为正,与假设6-1预期一致。这一结果证实了民间投资产业结构升级效应的存在性,说明近年来我国民间投资的发展强有力地推动了我国产业综合升级。换言之,随着我国关于鼓励与引导民间资本发展政策文件的发布与落地实施,民间资本不断进入高技术产业、战略新兴产业等产业,有力地促进了我国产业结构的全面转型升级。

[①] 面板模型是否需要做单位根检验和协整检验,学术界观点尚未统一,鉴于严谨性考虑,此处对各变量进行了单位根检验和协整检验。

6 民间投资影响产业结构升级的综合效应实证分析

表6-5 民间投资产业结构升级效应的存在性检验

变量	Pool	FE	RE	Diff-GMM	SYS-GMM
$L(-1)$				0.2916 ***	0.6096 ***
				(0.0762)	(0.0327)
$Mjtz$	0.3054 ***	0.3795 ***	0.3921 ***	0.3286 **	0.2165 ***
	(0.0546)	(0.0490)	(0.0512)	(0.0323)	(0.0303)
$Ggtz$	0.1727	0.1407 **	0.1424	0.5093 ***	0.3011 ***
	(0.9854)	(0.7125)	(1.6600)	(0.1587)	(0.1407)
$Mjgg$	-0.7779	-0.7199	-0.6183	-0.0634 ***	-0.0675 ***
	(2.6713)	(1.8541)	(2.7382)	(0.0322)	(0.0321)
$Czzc$	-0.4227	0.7067	0.3216	0.7641 *	0.3124 ***
	(0.9328)	(0.7607)	(1.4193)	(1.6605)	(0.1483)
Rd	0.0266	0.0198	0.0401	0.0253	0.2326 ***
	(0.0340)	(0.0545)	(0.0706)	(0.1553)	(0.0688)
Sch	0.0646	0.0718 **	0.0557	0.0648 *	0.0775 ***
	(0.0411)	(0.0368)	(0.0588)	(0.0413)	(0.0271)
$Pjgz$	0.8999 ***	0.4324 *	0.6412 **	0.4701	0.3928 **
	(0.1801)	(0.2535)	(0.2776)	(0.3005)	(0.1650)
Jck	0.8944 ***	0.2270	0.2796 *	0.7564 ***	0.3397 **
	(0.1244)	(0.1706)	(0.1604)	(0.0903)	(0.1683)
F检验		36.04 ***			
		[0.0000]			
LM检验			0.000		
			[1.0000]		
hausman检验			24.37 ***		
			[0.0000]		
AR(2)				0.2239	0.277
				[0.8229]	[0.7818]
Wald检验				2735.85 ***	1446.9 ***
				[0.0000]	[0.0000]
Sargan检验				18.48	22.27
				[0.9994]	[1.0000]

注：变量回归系数下小括号内为相应的标准误差；模型设定检验的右方括号内为其对应的P值；*、**、***分别表示在10%、5%、1%的水平下显著。

公共投资的系数为正，且在1%的水平下显著，表明公共投资的发展有助于提升我国产业的升级。这与杨大楷和孙敏（2009）、张宏霞（2010）的研究结论相一致。国有经济曾是我国主要的投资主体，当前公共投资仍占总投资的较大比重，因此它必然与我国产业结构升级密切相关；同时，民间投资与公共投资的交叉项系数为负，且在1%的水平下显著，表明公共投资对民间投资具有明显的挤出效应。这与楚尔鸣和鲁旭（2008）、张辑（2009）、李国璋和张锋（2009）等的研究结论相契合。公共投资支出增加，会造成市场资金的短缺，引发市场利率的上扬，从而导致民间私人部门的融资成本上升，民间私人部门必然会减少投资性支出。

政府财政支出变量与产业结构升级存在显著正向关系，且在统计上高度显著，说明政府财政支出的提高明显地促进了我国产业结构升级。这与杨大楷和孙敏（2009）、张宏霞（2010）、储德银、建克成（2012）等的研究结论相一致。一方面，政府财政支出是产业结构升级的体制保障；另一方面，政府财政支出行为可以通过资本积累、需求效应以及调节效应等对产业结构升级发挥作用（邢治斌，2015）。

研发投入变量的回归系数显著为正，表明企业研发投入的增加有利于我国产业的升级。诸多学者（如李惠媛，2010；邢治斌，2015等）也得出了类似结论。企业的研发投入可以促进技术创新的形成，而技术创新则会促使产业结构升级。

市场化指数变量的系数为正，并在1%的显著性水平下通过检验，这意味着随着我国市场化程度的提高，我国产业结构升级的制度环境不断优化，产业结构升级速度在加快。产业结构调整其实更深层次意味着资源在各产业部门间的重新配置，而市场则是资源配置的媒介与载体，因此，市场化程度的提高有利于产业结构升级。

另外，居民工资水平变量的回归系数显著为正，这说明居民工资水平的提高能够促进我国产业结构升级；对外开放指标进出口占国内生产总值比重变量的系数为正，且在5%的水平下显著，表明对外贸易的发展促进了我国产业的升级。

6.3.3 民间投资产业结构升级综合效应的区域差异性检验

此处将基于分组样本估计讨论民间投资对产业结构升级的区域差异性影响。鉴于计量对于变量自由度的要求，参照 Zhu（2012）的判别策略[239]，下文将分类分离出三个独立子样本分别进行回归估计。其中，子样本 1 从全体样本中选取东部地区的省份，包括北京、天津、辽宁、河北、江苏、上海、福建、浙江、山东、广东、海南 11 个省份；子样本 2 从全体样本中选取中部地区的省份，包括山西、吉林、江西、黑龙江、河南、安徽、湖北、湖南 8 个省份；子样本 3 从全体样本中选取西部地区的省份，包括内蒙古、重庆、广西、四川、贵州、陕西、云南、宁夏、青海、甘肃、新疆 11 个省份。

表 6-6 民间投资产业结构升级效应的区域差异性检验

变量	子样本 1	子样本 2	子样本 3
$L(-1)$	0.6541***	0.6346***	0.5894***
	(0.0327)	(0.0205)	(0.2123)
$Mjtz$	0.2982***	0.2366***	0.1865***
	(0.0322)	(0.0419)	(0.0538)
$Ggtz$	0.4015**	0.3124**	0.3231**
	(0.1541)	(0.1563)	(0.1411)
$Mjgg$	-0.05361*	-0.0675**	-0.0754**
	(0.03124)	(0.0332)	(0.0382)
$Czzc$	0.4019**	0.2743**	0.3546**
	(0.1974)	(0.1283)	(0.1483)
Rd	0.2453***	0.2522***	0.1742*
	(0.0703)	(0.0393)	(0.1012)
Sch	0.0589***	0.0785**	0.0655
	(0.0227)	(0.0389)	(0.0471)
$Pjgz$	0.4161*	0.3410**	0.3928**
	(0.2141)	(0.1318)	(0.1650)
Jck	0.3789**	0.3135*	0.3397**
	(0.1901)	(0.1689)	(0.1683)

续表

变量	子样本1	子样本2	子样本3
AR（1）	-3.3754***	-3.5768***	-0.8654
	(0.0007)	(0.0003)	(0.3925)
AR（2）	0.2238	0.3744	0.2624
	(0.8229)	(0.7082)	(0.8046)
Sargan 检验	21.68	20.08	6.2349
	[1.0000]	[1.0000]	[1.0000]

注：回归系数下小括号内为相应的标准误差；模型设定检验下方括号内为其对应的P值；*、**、***分别表示在10%、5%、1%的水平下显著。

从表6-6的估计结果看，三个子样本系统GMM均通过了自相关AR（2）检验以及Sargan检验，表明子样本1、子样本2与子样本3系统GMM均不存在二阶相关，且所有工具变量选择均有效。系统GMM回归结果表明，子样本1、子样本2与子样本3中，核心解释变量民间投资的系数分别为0.2982、0.2366与0.1865；这与理论预期相符，初步验证了假说6-2，说明不同区域，民间投资的产业结构升级效应存在差异，其中，东部区域最大，中部次之，西部最小。另外，公共投资以及控制变量的系数符号与全体样本的估计结果基本保持一致，相关分析略去。为增加上述检验假说6-2结果的可靠性，在此借鉴Acquaah（2012）采用的组间差异T检验方法，对三个子样本回归中核心解释变量民间投资的估计系数进行对比分析[240]，检验结果表明，在1%的显著性水平下强烈拒绝"估计系数不存在偏差"的原假设，认为三个样本核心解释变量民间投资的估计系数存在明显偏差，进一步印证了民间投资产业结构升级效应存在区域显著差异的结论。

6.4 本章小结

近年来，我国民间资本规模逐步扩大，投资范围和领域逐渐拓宽，逐步成为促进我国产业结构升级的主要力量。本章首先理论分析了民间投资影响产业结构升级的机制，并提出相关假设；其次，从劳动力水平、产出水平以及效率水平三个方面设计第三产业就业占总就业比重、第三产业就业与第二产业之比、第三产业产值占 GDP 比重、第三产业产值与第二产业产值比重、高技术产业总产值占工业总产值比重、单位能耗 GDP、工业增加值率、单位工业产值废气排放量以及废水排放量、单位工业增加值能耗等诸多指标建立反映产业结构升级的指标体系，并利用因子分析法构建产业结构升级综合指数；然后，以 1995—2013 年我国 30 个省份为研究样本，以民间投资占国内生产总值比重作为解释变量，以产业结构升级综合指数作为被解释变量，采用动态 GMM 估计法进行了实证分析。研究发现，民间投资产业结构升级的综合效应客观存在；公共投资对民间投资具有明显的挤出效应；同时发现，民间投资的产业结构升级综合效应在不同区域存在差异，其中，东部区域最大，中部次之，西部最小。

7 政策建议

7.1 民间投资推动产业结构升级的实施路径选择

7.1.1 坚持"政府引导+市场驱动"模式

目前，我国经济发展处于新常态时期，经济发展增速放缓，工作重心转移到调整结构促进产业转型上，政府在经济发展中的作用已经不仅仅是解决外部性、公共性等导致的市场失灵，而是促进经济发展、引导产业转型升级的重要力量。当然，在我国，政府不能完全替代市场的作用，市场是资源得以有效配置的根本机制，政府应发挥引导促进作用。因此，应采取"政府引导+市场驱动"模式。在此可以从政府的战略层面入手，积极为民间投资开拓更宽广的投资领域，出台相关"扶持"优惠政策，特别是切实实施民间投资促进产业结构优化升级的竞争优惠政策，按照实现指标的高低来兑换不同的优惠政策，引导民间投资从低端制造向高端化转型，形成投资领域创新，推动各行业或地区民间投资结构优化。

具体而言，结合我国实际，"政府引导+市场驱动"模式可以沿着如下几个路径实施落地。首先，积极引导民间投资参与城镇化建设。城镇化战略的推动必须积极引导民间投资的参与，改变原有的政府主导模式，实施"政府在前引导、民间投资作为主体的市场推动模式"；其次，加强民间投资向基础设施、医疗教育和高科技产业等领域投资的指导。对于非营利性的基础设施和城市基础设施，仅仅依靠政府投资必然会出现资金短缺的困境，且容易出现投资、建设、运用低效率。引入民间投资不仅可以弥补资金缺口，而且可以获得更高的效率。因此，对民间投资者采取招标和特许经营等方式，并给予一定的财政补贴、税收优惠政策，或采取 BOT 等形式，可以实现民间投资的收益最大化。对于医疗卫生以及教育行业，可采取"民办公助"的形式，在其初创期给予一定的财政补贴、税收优惠。而对于信息技术、电子、新材料、生物医药等高科技产业，政府应积极引导民间投资的进入，同时可以通过创办科技企业孵化中心、鼓励以技术作价参与投资、积极发展风投、强化对知识产权的保护措施等引导民间投资进入，通过民间投资在各行业的资源配置机制实现投资结构和产业结构的优化；最后，积极引导民间投资进入法律未明确禁止的行业领域，鼓励民间投资进入法律已明确允许的金融服务、商贸流通等领域。同时，细化并完善关于民间投资的政府职能、权益保护、财税优惠等方面政策措施，促使民间投资发展，充分发挥其产业结构升级效应。此外，目前我国一些民营企业的传统发展模式已经出现下滑趋势，应鼓励民营企业大力发展新型制造业如战略性新兴产业等，鼓励其把资金投向产业内以及产业链等多元拓展领域，推进发展模式创新。在此可以构建由天使投资、风险投资和股权投资构成的多层次创新的投资体系来支持实体经济的发展，从而引导民间投资寻找到合理的投资方向，实现民间投资供给的优化，促进产业结构升级。

7.1.2　因地制宜地制定民间投资政策与产业结构升级目标

明确区域自身产业结构特点，因地制宜地合理定位产业结构升级目标与制定民间投资政策。由于所处地区、经济发展程度、产业结构现状等的不同，各区域应该因地制宜，在产业结构发展进程中，明确自身所处的产业结构升级阶段、形态及目标，制定合适的民间投资政策。例如，虽然我国在全力推进第三产业服务业的发展，但是有的地区农业基础好、服务业的发展环境欠佳，因此并不需要全力转型到工业服务业，通过政府引导民间投资发展现代农业也可以使效率水平的产业结构升级得到很大提升；有的地区产业结构发展处于高级阶段，因此应重点发展高新技术产业及提升能源利用效率,可以采取引导民间投资进入高技术产业等方式促进技术进步以及提高能源利用效率;而有的地区的技术水平难以迅速提升,因此可以优先重点地改善产业结构升级的生态,例如,利用推进国有企业所有制改革等手段引入民间投资来达到相应的目标。

同时,因地制宜地制定政策,优化民间投资区域结构。具体而言,虽然中西部地区民间投资发展迅速,平均增长速度均高于东部,但总量规模与东部地区还存在很大差距;且本书相平面图分析亦表明,中西部地区民间投资未来发展潜力要大于东部地区。因此,今后宜在相关优惠政策制定方面适当地向中西部地区倾斜,加大中西部地区民间投资的发展力度,使其民间投资的发展潜力得到激发,促进中西部地区民间投资总量规模上升,优化我国民间投资的区域结构。

因此,我国东、中、西部三大区域应按照当地产业发展政策加强对民间投资的规划和引导,宜根据自身特点制定适合当地特色的差别化民间投资发展策略,使民间投资与国民经济发展规划一致,合理投资,协调产业结构升级目标与民间投资的投资结构相契合。具体建议方面,我国东部地区经济发达,市场化水平高,民间投资规模大,且本书结论发现东部地区相对中西部地区民间投资产业结构升级效应较大,应致力于确保现有相关政策的优化与执行,确保民间投资结构升级效应的有效发挥;而中西部地区经济发展水平与市场化程度相对较低,应尽快制定相关促进民间投资发展的实施细则政策,大力推进有利于民营经济发展的市场化环境建设,不断优化其政策环境,以充分激发民间投资的产业结构升级效应,实现全国层面上产业结构的全面优化升级。

7.1.3 建立区域民间投资聚集区

由于产业外迁和产业结构升级压力,一些地区的民间投资不愿继续留在利润率微薄、投资回收期长的实业领域,转而进入一些利润率高、周期短甚至国家禁止的行业牟取暴利。更有甚者,民间投资进入地下经营,从事非法集资、高利贷等活动,从而导致我国巨大的民间投资出现游离、闲置状态，因此，应建立区域民间投资聚集区，引导民间投资从低小散的游离、闲置状态向规模化、集群化的方向转变。同时，聚集民间资本还需要有相关的法律法规、政策以及金融等专业性的支持，而这些政策、法律和金融等方面的支持需要政府机构来加以指导。通过政府的扶持，在各区域建立专门为民间投资服务的金融机构聚集区，有利于提高信息的传播效率、聚集区域民间资本、建立金融公共信息平台，在专业金融机构的引导下，民间投资能够避免盲目性，降低金融风险，从而提高民间投资的使用效率，实现民间投资与实体经济之间的有效对接，推动产业结构优化升级。

同时，在建立民间投资集聚区的基础上，可以采用产融结合模式推进产业结构升级。产融结合是产业资本与金融资本间资本结合、信息共享等的总和。从产融结合发展的主体来看，可以分为"由产到融"和"由融到产"。依据渗透的程度，由产到融包括"金融成为企业的核心业务"与"金融成为企业的辅助业务"两种模式，这两种模式均是民营企业民间产业资本到金融资本的转变，有利于民间投资进入国家倡导的战略新兴产业，提高产业结构层次；由融到产是采用银企结合的方式促使民间投资进入实体经济，有助于解决民间投资游离、闲置的"脱实入虚"问题，支持实体经济发展，进而推动产业结构演进升级。

7.2 民间投资推动产业结构升级的长效机制设计

7.2.1 建立"民资、民用、民管"的内生性投融资运行机制

民间投资来源于民营企业、农户和居民，属于生产建设和生活中暂时闲置的资金，而民营企业、个体工商户和农户因季节性、临时性原因又急需要民间投资，实行民间投资供求的直接投对接，这种供求对接的投融资机制由民间投资组织进行维权自律性管理，将会极大地减少供求失衡与资本浪费，避免政府干预，降低交易成本。从当前来看，国家要加强对民间投资的宏观管理，分行业分类别建立民间投资的指标体系，按照"去产能、去库存、去杠杆、降成本、补短板"的任务要求，实行民间投资的负

面清单制度。宜创新投融资方式，打通直接融资、间接融资、内源融资、外源融资渠道，组合融资工具，全面建立立体交叉的"民资、民用、民管"投融资运行机制，彻底解决资源错配问题，提高民间投资市场投融资效率，强力发挥民间投资的产业结构效应。

在建立"民资、民用、民管"的内生性投融资运行机制的基础上，建立多元化融资体系。民营经济应当不断创新融资方式，充分利用内源融资和外源融资，在企业发展的不同阶段采取不同的融资方式，实现融资效益的最大化。在民营企业的发展初期，可以采取内源直接融资的方式，内源直接融资的主要融资工具和融资产品有发起人内部集资、股权投资、折旧和留存盈利、利润再投资、定额负债、合会、标会、农村资金互助会等。而当民营企业的发展具备一定的规模，投资需求较大、外部资金介入困难时，便开始使用内源间接融资的融资方式。这种融资方式的金融产品主要包括发行民营企业内部债券、信托存款、民间拆借、天使融资等。此外，外源直接融资和外源间接融资也是民营企业的融资方式。前者的方式主要是设立民营企业产业投资基金、信托基金或在系统内金融市场发行股票、行业投资基金、私募债、债券等；后者是指企业通过一定方式向企业之外的其他经济主体通过银行贷款、商业信用、融资租赁等间接融资方式筹集资金。它通常通过商业银行、村镇银行、小额贷款组织、典当行、农村信用联社、融资性担保公司等，运用项目融资、并购重组贷款、理财服务、票据承兑贴现、租赁融资、抵押担保贷款、引进外资等方式筹集到一定的资金。上述融资方式在具体运用的过程中既可以单独使用，又可以交叉组合使用，具体要根据民营企业所处的发展阶段、行业特征以及资金需求状况来决定。因此，民营企业只有不断丰富和完善融资体系，才能缓解融资难的困境、促进产业结构的优化调整。

7.2.2 健全多层次民间投资市场体系

首先，在目前比较分散、无序的民间投资市场的基础上，应健全和完善地区性的民间投资有形市场，倡导民间投资"机构化"，积极培育市场主体，充分发挥市场在供求机制与价格机制中的决定作用；其次，建立相对集中的地区无形市场，通过电脑平台撮合交易，培育竞争意识，在区域内形成有效的供求决定价格机制；最后，建立全国统一的民间投资市场，逐步扩展市场范围，引进跨地区交易，扩展竞争范围，在竞争市场上形成准确反映市场供求的价格体系，使民间投资市场成为多层次资本市场的有机组成部分，发挥市场在民间投资资源配置中的决定性作用。从具体实践操作层面来说，应从如下几个方面入手。第一，建立地区性的民间投资借贷市场，不断培育市场主体，如创建民间投资一条街、民间投资登记管理公司等，解决民间投资"空置"低效以及供求运行中的"期限错配、结构错位"问题。第二，建立相对集中的民间投资债券发行流通市场，创新民间投资债券品种，发行民营企业债券、小微企业债券以及短期债券、集合债券等，创新债券发行方式，提高债券收益率。第三，建立民间投资股权交易市场，降低融资成本，保护民间投资者利益，引导民间投资设立产业投资基金、风险投资基金等。第四，建立公共信息平台，提供"公开、公平、公正"的市场信息，促使信息共享，提高民间投资市场配置效率，促进民间投资结构和产业结构优化。

建立有效的民间投资进入与退出机制。在民间投资进入机制方面，应坚持以市场为主体，使投资决策更加规范、政府调控更加公开透明、融资渠道更加商业化、中介服务更加社会化、项目管理更加专业高效等，坚持"谁投资、谁所有、谁受益、谁承担风险"的原则。同时，对民营投资与国有投资一视同仁，为民间投资提供市场预测、决策服务，提供信息咨询服务、理财经验，帮助规范化其财务制度。在退出机制上，保证民间投资主体顺利调整投资方向、数量及结构，通过产权交易市场、资本市场等实现退出，保持其自由性与合理性，使政府带动民间投资走上正轨：资本投入→转让→获得投资收益→再投入。一方面，可设立VC（风险投资基金），专注于投资具有高成长性的企业；另一方面，通过产权交易市场或资本市场使产权得以合理流动。目前，还需要建立场外市场（OTC），使资本市场体系不断完善，民间投资顺利退出。

7.2.3 构建"四位一体"的风险防范机制

当前,民间投资缺乏规范的运作与管理,应尽快建立民间投资机构同业协会,规范运作,控制民间投资风险。整体来看,应构建民间投资机构内控自律、行业协会协调维权、政府主管部门监管指导、民间投资者自我监督"四位一体"的民间投资风险防范机制。民间投资风险防范机制由防范职责、防范原则、防范制度、防范保障措施与信息反馈装置等组成。防范职责由民间投资机构、行业协会、政府主管部门、民间投资者组成的"四位一体"的管理机构行使;风险防范原则是依据民间投资风险的特征以及防范原理,要坚持适应性、全面性、制衡性、及时性原则;建立风险防范制度,实施风险防范保障,打破行业限制,加快利率市场化步伐等;信息反馈装置是把民间投资活动通过信息系统反馈到风险控制机构,直到隐患消除,确保民间投资健康发展。

7.2.4 健全民间投资支持体系

积极鼓励民间投资发展的国务院文件"新36条"现已颁布7年之久,但政策落实还不到位,许多产业对民间投资仍然存在不少的"玻璃门"和"弹簧门",民间投资依然面临制约,因此,宜建立民间投资支持体系,具体包括法律支持系统、组织支持系统、社会中介服务系统、信息技术支持系统等,逐步消除民间投资的政策障碍,合理引导其流向,提高民间投资的效率。同时,还应着重改善民间投资内部治理结构,加强民间投资行业队伍建设,为民间投资健康持续发展奠定根本基础。

7.3 本章小结

本章提出了民间投资推动产业结构升级的政策建议,具体包括民间投资推动产业结构升级的实施路径选择与民间投资推动产业结构升级的长效机制设计。其中,在民间投资推动产业结构升级的实施路径选择方面,本书认为应坚持"政府引导+市场驱动"模式,因地制宜地制定民间投资政策与产业结构升级目标以及建立区域民间投资聚集区;而在民间投资推动产业结构升级的长效机制设计方面，应建立"民资、民用、民管"的内生性投融资运行机制、健全多层次民间投资市场体系、构建"四位一体"的风险防范机制以及健全民间投资支持体系。

参考文献

[1]汲凤翔.民间投资的概念和统计方法[J].数据,2002(11):39-40.

[2]于谨凯,单春红.我国的国有投资与民间投资效率实证分析[J].河北经贸大学学报,2005,25(5):21-25.

[3]吕明元.关于加速启动民间投资的几点思考[J].南开学报(哲学社会科学版),2003(3):95-100.

[4]王晓歌.我国民间投资现状分析及发展对策[J].山东经济,2004(3):87-89.

[5]李启明.有关民间投资的几个问题[J].管理世界,2002(2):19-23.

[6]刘昱.民间投资和国有经济投资对经济增长贡献研究[J].西安邮电学院学报,2008(4):100-103.

[7]李慧.增强西部地区吸引民间投资能力的机制创新研究[J].西部论坛,2010,20(2):57-65.

[8]刘伟.支持民企不能光打雷不下雨[J].乡镇企业导报,2009(10):19.

[9]Kaldor N. Capital Accumulation and Economic Growth The Theory of Capital[M]. New York:St,Martin's Press,1961.

[10]Kuznets. Simon. Modern Economic Growth:Findings and Reflections[J]. American Economic Review. 1993,63(3):829-846.

[11][英]亚当·斯密.国民财富的性质和原因旳研究[M].北京:商务印书馆,1972:56-59.

[12] Ricardo D. On the Principles of Political Economy, and Taxation[J]. History of Economic Thought Books,2015,1(3494):62-74.

[13] Kahn R. F. The Relation of Home Investment to Unemployment[J]. Economic Journal,1931,41(162):173-198.

[14][英]凯恩斯. 就业与货币通论[M]. 高鸿业,译. 商务印书馆,1981.

[15] Samuelson. Interaction between the Mutiplier Analysis and the Priciple of Aceleration[J]. Review of Economic and Statistics. 1939(21):75-78.

[16] Harrod R. F. An Essay in Dynamic Theory[J]. Economic Journal,1972,49(193):14-33.

[17] Solow R. M, Hamberg D. Economic Growth and Instability[J]. Econometrica Review 1957,25(4):612.

[18] Petty W. Political Arithmetick[M]. McMaster University Archive for the History of Economic Thought,2006.

[19] Clark C. The Conditions of Economic Progress[M]. The Conditions of Economic Progress,Macmillan,1951.

[20] Kuznets S. Economic Growth and Income Inequality[J]. The American Economic Review,1955,45(1):1-28.

[21] Lewis W. A. Economic Development with Unlimited Supplies of Labour[J]. The Manchester School,1954,22(2):139-191.

[22] Shinbo J. Albert O. Hirschman, The Strategy of Economic Development[J]. Asian Studies,1958,5.

[23] 郭勇. 基于"两基准"理论的我国产业结构优化路径分析[J]. 中共四川省委党校学报,2011(3):87-89.

[24] Khan M. S., Reinhart C. M. Private Investment and Economic Growth in Developing Countries[J]. Word Development,1990,18(1):19-27.

[25] Khan M. S., Kumar M. S. Public and Private Investment and the Growth Process in Developing Countries [J]. Oxford Bulletin of Economics and

Statistics, 1997, 59 (1): 69 – 88.

[26] Quan VLE. Political and Economic Determinants of Private Investment [J]. Journal of International Development, 2004, 16 (4): 589 – 604.

[27] Stasavage D. Private Investment and Political Institution [J]. Economics and Politics, 2002, 14 (1): 41 – 63.

[28] Pergis N. Public and Private Investments in Greece: Complementary or Substitute "Goods" [J]. Bulletin of Economic Research, 2000, 52 (3): 225 – 334.

[29] Atukeren E. Interactions Between Public and Private Investment: Evidence from Developing Countries [J]. Kyklos, 2005, 58 (3): 307 – 330.

[30] Takao Fujii, Kazuki Hiraga, Masafumi Kozuka. Effects of Public Investment on Sectoral Private Investment: A Factor Augmented VAR Approach [J]. Journal of the Japanese and International Economics. 2012, (3): 11

[31] Musalem A. R. Private Investment in Mexico: An Empirical Analysis [J]. Policy Research Working Paper, 2010.

[32] Boudeville J. R. Les Espaces Eonomiques [J]. Presses Universitaires De France, 1961.

[33] Zhang X., Yao H, Yang Z., et al. Observation of Protective Effect of Organic Chromium on the Pancreas in Diabetic Rat [J]. Heilongjiang Medicine & Pharmacy, 2004, 27.

[34] Kuznets. Simon. Modern Economic Growth: Findings and Reflections [J]. American Economic Review. 1993, 63 (3): 829 – 846.

[35] Levy J., Clements B. Public Education Expenditure and Other Determinants of Private Investment in the Caribbean [J]. Social Science Electronic Publishing, 1994, 94 (122).

[36] Reinikka R., Svensson J. How Inadequate Provision of Public Infrastructure and Services Affects Private Investment [J]. Policy Research Working Paper, 1999.

[37] Ghura D. , Goodwin B. Determinants of Private Investment: A Cross - regional Empiricalinvestigation[J]. Applied Economics,2000,32:1819 - 1829.

[38] Nikiforos T. Laopodis. Effects of government spending on private investment[J]. Appliedeconomics,2001,33(12)1563 - 1577.

[39] Joshua S. Gans. Regulating Private Infrasture Investment: Optional Pricing for Access to Essential Facilities [J]. Journal of Regulatory Economics. 2001,20(2)167 - 189.

[40] J. Benson Durham. The Effects of Stock Market Development on Growth and Privateinvestment in Lower - income Countries[J]. Emerging Markets Review. 2002,3(3)211 - 232

[41] Dhaneshwar Ghur, Barry Goodwin. Determinants of Private Investment: A Cross - regional Empiricalinvestigation[J]. Applied Economics. 2000(32) :14.

[42] James B. Ang. Private Investlnent and Finaneial Sector polieies inIndia and Malaysla[J]. World Development,2009,37(7) ,1261 - 1273.

[43] Misati R. N. The Role of the Informal Sector in Investment in Sub - Saharan Africa [J]. International Entrepreneurship & Management Journal, 2010,6(2) :221 - 230.

[44] Bairam Erkin, Ward Bert. The Externality Effect of Government Expenditure on Investment in OECD Countries [J]. Applied Economics, 1993 (25).

[45] Evans P. and Karras G. Are Government Activities Productive? —Evidence from a Panel of US States [J]. The Review of Economics and Statistics, 1994 (1).

[46] Nader N. , Miguel D. R. Public and Private Investment and Economic Growth in Mexico [J]. Contemporary Economic Policy,1997 (1).

[47] M. O. Odedokun. Relative Effects of Public Versus Private Investment Spending on Economic Efficiency and Growth in Developing Countries[J]. Applied Economics,1997,29(10) :1325 - 1336.

[48] Khalifa H. Ghali. Public Investment and Private Capital Formation in A Vector Error-correction Model of Growth[J]. Applied Economics,1998,30(6):837-844.

[49] Graham M. Voss. Public and Private Investment in The United States and Canada[J]. Economic Modeling,2002,19(4)641-664.

[50] Ramirez M. D, Nazmi N. Public Investment and Economic Growth in Latin America: an Empirical Test[J]. Review of Development Economics,2003,7(1):115-126.

[51] Mitra S., Mitra S. G. Can Institutions Make the Difference? Comparative Study of Indian Manufacturing Industry Through Liberalization[J]. Journal of the Chinese Chemical Society,2006,63(7):611-617.

[52] Ahamad, Imtiza, Qayyum, Abdel. Uncertainty on Private Investment in Services Sector: Evidence From Pakistan[J]. Pakistan Institute of Development Economics,2008,110(4):1450-2275.

[53] Aschauer David A. Does Public Capital Crowd Out Private Capital? [J]. Journal of Monetary Economics,1989 (24).

[54] Chirinko R. S. Corporate Taxation, Capital Formation, and the Substitution Elasticity between Labor and Capital[J]. National Tax Journal,2002,55(2):339-355.

[55] G. Vijverberg. Basing Maintenance Needs on Accommodation Policy [J]. Building Research & Information,2000,28(1):18-30.

[56] Glomm G., Rioja F. The Generational Effects of Fiscal Policy in a Small Open Economy[J]. Public Finance Review,2012,40(2):151-176.

[57] Tamar Fisher, Tamar Berner, Adiv Gal, et al. A Comparison of Computerized Image Analysis and Stereology as Tools for Morphological Study of Algal Cells [J]. Israel Journal of Plant Sciences,1998,46(2):177-180.

[58] Kalim Hyder. Growding-our Hypothesis in a Vector Error Correction Framework:a Case Study of Pakistan [J]. The Pakistan Derverlopment Review,

2001,40(4):633-665.

[59] Narayan P. K. Do Public Investments Crowd Out Private Investments? Fresh Evidence from Fiji[J]. Journal of Policy Modeling,2004,26(6):747-753.

[60] Wang B. The Long-run Effects of Government Expenditure on Private Investment in Canada: An Empirical Investigation[J]. Iup Journal of Applied Economics,2003,2(4):7-19.

[61] Barth J. R, Cordes J. J. Substitutability, Complementarity, and the Impact of Government Spending on Economic Activity[J]. Journal of Economics & Business,1980,32(3):235-242.

[62] Munnell A. H. Is There a Shortfall in Public Capital Investment?[J]. New England Economic Review,1990,34(May):23-35.

[63] Levine R., Renelt D. A Sensitivity Analysis of Cross-Country Growth Regressions[J]. American Economic Review,1992,82(4):942-963.

[64]赵锡斌,费显政.进行制度创新促进民间投资[J].武汉大学学报(人文科学版),2000(2):168-172.

[65]任保平,刘丽.扩大民间投资:促进中国经济增长的长期动力[J].天津行政学院学报,2004,6(1):59-62.

[66]任碧云.启动民间投资促进经济增长[J].经济问题,1999(10):3-5.

[67]马裕廷,崔碧增.民间投资:何以启而未动[J].经济师,2000(4):31.

[68]邢乐成.扩大民间投资 促进经济增长——"十五"期间投资扩张的重点与政策取向[J].经济界,2000(5):22-24.

[69]施海松.关于有效启动民间投资的探讨[J].经济师,2003(9):7-9.

[70]孟耀.我国政府投资与民间投资的发展演变[J].财经问题研究,2004(2):28-31.

[71]李志国.转型期我国民间投资机制研究[D].成都:西南财经大学,2004.

[72]邱元直.中国民间投资问题研究[D].北京:中国社会科学院研究生院,2003(5).

[73]高伟.中国民间投资效率评价[D].西安:西北大学,2010.

[74]辜胜阻,潘登科,易善策.民间投资接力公共投资:后危机时期的重要选择[J].当代财经,2010(3):40-44.

[75]程敏.我国民间资本发展与政策建议探讨[J].现代商贸工业,2011(8).

[76]魏友.浙江民间投资经济增长效应研究[D].宁波:宁波大学,2012.

[77]王迅.黑龙江省民间资本发展研究报告[J].黑龙江金融,2012(11):14-18.

[78]李国义.深化黑龙江省民间投资体制改革研究[J].哈尔滨商业大学学报.2012(5):35-39.

[79]李思源.关于对完善我国民间投资制度的研究[J].商业经济,2012(2):65-67.

[80]张承惠.浙江民间投资活动调查与建议[J].新经济导刊,2003(19):120-122.

[81]潘俊国.民间投资在浙江[J].浙江经济,2003(3):54-55.

[82]蒋康宁.浙江民间投资的趋势分析[J].新西部:理论版,2008(8):49-49.

[83]袁岳驷,袁安贵.我国民间投资的区域现状分析[J].统计与决策,2006(21):103-104.

[84]陆迁,刘志峰,朱捷.社会固定资产投资地区差距的结构分解[J].软科学,2006,20(1):24-26.

[85]陈兆荣.民间投资对我国经济增长影响的实证分析[J].统计教育,2007(4):60-61.

[86]李江涛,汤茂林.中国民间投资的区域差异与影响因素[J].经济地理,2008,28(1):6-10.

[87]李娜. 我国东、西部地区民间投资的差异及其成因研究[D]. 西安:西北大学,2008.

[88]杨天荣,陆迁. 西部地区民间资本投资差异分析[J]. 统计与决策,2010(5):98-99.

[89]李富有,孙晨辉. 西部地区民间投资的发展现状及动态特征研究[J]. 统计与决策,2013(8):93-96.

[90]刘希章,李富有,南士敬. 民间投资运行特征及经济增长效应分析——基于区域差异视角[J]. 经济与管理研究,2015(7):12-18.

[91]国家统计局投资司课题组. 影响民间投资增长的因素分析[J]. 统计研究,2003(5).

[92]刘星. 民间投资和国有经济投资对经济增长贡献研究[J]. 西安邮电学院学报,2008,13(4):100-103.

[93]郭栋. 民间投资的影响因素分析及对策[D]. 中国优秀硕士学位论文全文数据库,2004(3).

[94]金祥荣、蔡一庆. 我国民间投资区位选择变化及其实证分析[J]. 数量经济技术经济研究,2004(11):14-23.

[95]徐明华. 我国民间固定资产投资增长的相关因素实证分析[J]. 江南大学学报(人文社会科学版),2004,3(3):61-64.

[96]刘艳、薛声家. 广东省民间固定资产投资的增长趋势与影响因素[J]. 统计与决策,2006(4):93-94.

[97]马虎兆、李欣先. 民间投资影响因素的实证分析[J]. 现代商贸工业,2007,19(12):37-39.

[98]李江涛、汤茂林. 中国民间投资的区域差异与影响因素[J]. 经济地理,2008,28(1):6-11.

[99]张晓丹. 我国民间投资现状和发展建议[J]. 金融经济.2011(2):23-24.

[100]徐灵通. 甘肃省民间投资效率及影响因素研究[D]. 兰州:兰州大学,2013.

[101]戴园晨.投资乘数失灵带来的困惑与思索[J].经济研究,1999(8):35-39.

[102]吴俊培.积极财政政策及效应评析[J].当代财经,2001(12).

[103]梁学平.关于积极财政政策逐步淡出问题的探讨[J].山东财政学院学报,2003(3):24-27.

[104]孟祥仲.我国扩张性财政政策中的挤出效应问题[J].经济与管理评论,2003(6):29-30.

[105]田杰棠.近年来财政扩张挤出效应的实证分析[J].财贸研究,2002(3):80-82.

[106]楚尔鸣,鲁旭.基于SVAR模型的政府投资挤出效应研究[J].宏观经济研究,2008(8):41-47.

[107]尹贻林,卢晶.我国公共投资对私人投资影响的经验分析[J].财经问题研究,2008(3):76-81.

[108]贾明琪,李贺男.金融危机下我国政府投资对民间投资的挤出效应——基于IS-LM模型[J].经济管理,2009(10):7-11.

[109]刘忠敏,马树才,陈素琼.我国政府支出和公共投资对私人投资的效应分析[J].经济研究,2009(3):10-13.

[110]陈时兴.政府投资对民间投资挤入与挤出效应的实证研究——基于1980—2010年的中国数据[J].中国软科学,2012(10):169-176.

[111]吴超林.宏观调控的制度基础与政策边界分析——一个解释中国宏观调控政策效应的理论框架[J].中国社会科学,2001(4):54-63.

[112]项怀诚.实施积极的财政政策不会引发通货膨胀[J].金融信息参考,2001(4).

[113]刘溶沧,马拴友.赤字、国债与经济增长关系的实证分析——兼评积极财政政策是否有挤出效应[J].经济研究,2001(1).

[114]庄子银,邹薇.国有企业改革:企业作为一种激励性制度安排[J].经济学家,1997(1):34-41.

[115]宋福铁.国债对于私人投资挤出效应的实证研究[J].财经研究,

2004,30(8):52-56.

[116]郭庆旺,贾俊雪.政府公共资本投资的长期经济增长效应[J].经济研究,2006(7):29-40.

[117]陈浪南,杨子晖.中国政府支出和融资对私人投资的挤出效应的经验研究[J].世界经济,2007(1).

[118]吴洪鹏,刘璐.挤出还是挤入:公共投资对民间投资的影响[J].世界经济,2007(2).

[119]董秀良,薛丰慧,吴仁水.我国财政支出对私人投资影响的实证分析[J].当代经济研究,2006(5).

[120]汪伟.公共投资对私人投资的挤出挤进效应分析[J],中南财经政法大学学报,2009(5):20-24.

[121]刘一欧,黄静.我国政府投资对民间投资的挤出(挤入)效应研究——基于区域差异视角的面板数据分析[J].经济经纬,2012(4):22-26.

[122]戴颖杰,杨鑫,郭品.中国政府投资对民间投资影响的空间效应[J].广东金融学院学报,2012(7):25-33.

[123]林勇,郭庆.政府投资对民间投资的挤入挤出效应研究——基于面板VAR模型的动态分析[J].广西财经学院学报,2014,27(4):34-39.

[124]徐朝阳,林毅夫.发展战略与经济增长[J].中国社会科学,2010(3):94-108.

[125]孙立坚.中国经济的"新增长点"在哪里?[J].中国市场,2010(37):14-15.

[126][英]威廉·配第.政治算术[M].北京:中国社会科学出版社,2010.

[127]Clark C. The conditions of economic progress.[M]// The conditions of economic progress. Macmillan,1951.

[128][美]西蒙·库兹涅茨.各国的经济增长[M].北京:商务印书馆,2011.

[129]August Wilhelm von Hofinann. The Stages and Types of Industrializa-

tion[M]. European Economic Review. 1931(55),76-84.

[130] Griffin C. Imagining New Narratives of Youth: Youth Research[J]. Childhood,2001,8(2):147-166.

[131] Gereffi G., Humphrey J., The Governance of Global Value Chains [J]. Review of International Political Economy, Vol. 12, no. 2, 2005:78-104.

[132] Humphrey J. Schmitz H. Governance and Upgrading: Linking Industrial Cluster andGlobal Value Chains Research[R]. IDS Working Paper, Institute of Development Studies, University of Sussex, 2000(12):124-126.

[133] Kristine Vitola & Gundars Davidsons. Structural Transformation of Exports in a Product Space Model Latvijas Banka, 2008.

[134] Bell M., Albu M. Knowledge Systems and Technological Dynamism in Industrial Clustersin Developing Countries [J]. World Development, 1999, 27(9): 1715-1734.

[135] Jeffrey. Wurgler. Financial Market and the Allocation of Capital[J]. Journal of Financial Economics. 2000(58): 187-214.

[136] Hotopp, Ulrike. Trade and Industial Upgrading in Countries of Central and Eastern Europ[J]. Emerging Market Finance & Trade. 2005(4):20-37.

[137] Blomström M., Kokko A., Lederman D., et al. From Natural Resources to High-tech Production: the Evolution of Industrial Competitiveness in Sweden and Finland. [J]. Eijs Working Paper,2007,2(3):63-71.

[138] Ron A Boschma, Rik Wenting. The Spatial Evilution of the British Automobile-bile Industry: Dose Location Matter[J]. Industry and Corporate Change,2007(2):210-236.

[139] Petr P., Boleslaw D., Robert G. Industrial Upgrading Through Foreign Direct Investment in Central European Automotive Manufacturing[J]. European Urban and Regional Studies,2009,16(1):43-63.

[140] Aghion P., Howitt P. A Schumpeterian Perspective on Growth and Competition[J]. 1998.

[141] Azadegan A. , Wagner S. M. Industrial Upgrading, Exploitative Innovations and Explorative Innovations[J]. International Journal of Production Economics,2011,130(1):54 – 65.

[142]曹群. 产业集群的升级:基于动态能力的观点[J]. 学术交流,2006(9):121 – 123.

[143]唐海燕,程新章. 区域经济发展系统的多主体系统分析——上海区域经济发展的思考[C]. 上海市社会科学界学术年会. 2006.

[144]孙军. 需求因素、技术创新与产业结构演变[J]. 南开经济研究,2008(5):58 – 71.

[145]刘芳,倪浩. 我国产业结构调整的影响因素分析及相应措施[J]. 技术与创新管理,2009,30(3):321 – 323.

[146]伍长南. 福建省应对金融危机促进产业转型升级研究[J]. 亚太经济,2009(6):62 – 65.

[147]杜传忠,郭树龙. 中国产业结构升级的影响因素分析——兼论后金融危机时代中国产业结构升级的思路[J]. 广东社会科学,2011(4):60 – 66.

[148]张文玺. 中日韩产业结构升级和产业政策演变比较及启示[J]. 现代日本经济,2012(4):63 – 67

[149]许腾. 浙江产业转型升级的影响因素研究——以湖州市长兴县耐火行业为例[D]. 杭州:浙江工业大学,2012.

[150]谭晶荣. 长三角地区产业转型升级特征、路径与实施方略[J]. 企业经济,2012(9):5 – 8.

[151]施卫东,高雅. 金融服务集聚发展对产业结构升级的影响——基于长三角6个中心城市面板数据的实证研究[J]. 经济与管理研究,2013(3):49 – 52.

[152]王淑梅,张霞. 产业结构视角下固定资产投资效率研究——基于沈阳市的实证分析[J]. 当代经济,2014(1):134 – 136.

[153]杨天宇,朱林. 中国居民收入分配对产业结构升级的影响[J]. 产

经评论,2014(1):58-65.

[154]梁尚龙.清远市产业转型升级战略选择研究[D].兰州:兰州大学,2013.

[155][英]亚当.斯密.国富论[M].北京:商务印书馆,1987.

[156][英]凯恩斯.就业利息和货币通论[M].北京:商务印书馆,1983.

[157][美]保罗·萨缪尔森,威廉·诺德豪斯.经济学[M].北京:人民邮电出版社,2008.

[158]Domar. Essays in the Theory of Economic Growth [M]. Oxford:Oxford University Press. 1957.

[159]Delong,Summers. Equipment Invesment and Economic GrowthrHow Strong Is themNexus? [J]. Paper on Economic Activity. 1991(2):157-199.

[160]Aschauer David A. The Investment Output Ratio in Growth Regression [J]. Applied Economic Letter,1994(5)

[161]Young. The Razor's Edge:Distortions and Incremental Reform in the People's Republic of China[J]. Quarterly Journal of Economics,1995(4):4-9.

[162]Ram R. Productivity of Public and Private Investment in Developing Countries:A Broad International Perspective[J]. World Development,1996,24(8):1373-1378.

[163]Gotfryd W. T.,Nader R.,Epstein R. A.,et al. The Proper Goals on Antitrust:When Public and Private Interests Collide[J]. Loyola Consumer Law Reporter,1997(2):113-150.

[164]Patrick Vanhoudt. A i:Allacy in Causality Research on Growth and Capital Accumulation [J]. Iconomic Letters,1998(60):77-81.

[165]Chen B.,Feng Y. Determinants of Economic Growth in China:Private Enterprise,Education,and Openness[J]. China Economic Review,2000,11(1):1-15.

[166]Elena Podrecca,Gaetano Carmeci. Fixed Investment and Economic Growth:New Results on Causality [J]. Applied Economics,2001,33(2):

177 - 182.

[167] Orazio P. Attanasio, Tullio Jappelli. Intertemporal Choice and the Cross - Sectional Variance of Marginal Utility[J]. The Review of Economics and Statistics,200183(1): 13 -27.

[168] Madsen, Jakob B. The Causality between Investment and Economic Growth [J]. Economics Letters,2002(74):157 - 163.

[169] Barro Robert J., Sala - I - Martin. Xavier Convergence[J]. Journal of Political Economy,1992,100(2).

[170] Marta Bengoa, Blanca Sanchez - Robles. Foreign Direct Investment, Economic freedom and Growth: New Evidence from Lation America[J]. European Journal of Poitical Economy,2003(3):529 -545.

[171] Melina Dritsaki, Chaido Dritsaki, Antonios Adampoulos. A Causal Relationship between Trade, Foreign Direct Investment and Economic Growth for Greece [J]. American Journal of Applied Sciences. 2004(1):230.

[172] Yang Zou. Empirical Studies on the Relationship Between Public and Private Investment and GDP Growth[J]. Applied Economics,2006,38(11): 1259 - 1270.

[173] Nadia Tecco. Financially Sustainable Investments in Developing Countries Water Sectors: What Conditions Could Promote Private Sector Involvement[J]. International Environmental Agreements: Politics, Law and Economics, 2008(8):128 - 143.

[174] Irfan Ullah, Mahmood Shah, Farid Ullah Khan, Raouf Boucekkine. Domestic Investment, Foreign Direct Investment, and Economic Growth Nexus: A Case of Pakistan[J]. Economic Research Internationl,2014(1):22 -26.

[175] Zhang Jun. Investment, Investment Efficiency, and Economic Growth in China[J]. Journal of Asian Economics,2003,14 (5):713 - 734.

[176] Easterly William, Rebelo Sergio. Fiscal Policy and Economic Growth an Empirical Investigation [J]. Journal of Monetary Economics,1993 (32).

[177]王丽娅.关于民间资本投资基础设施领域的研究[M].北京:中国经济出版社,2006.

[178]程连于.PPP模式与我国民间投资问题研究[J].河南社会科学,2009,17(3):117-119.

[179]蔡方.我国经济发展中政府投资和民间投资的共同推进[J].中州学刊,2010(5):22-24.

[180]高磊,许尽晖.浅谈民间资本的发展[J].经济视角,2011(11):48-50.

[181]苏畅.关于引导民间资本进入金融领域研究[D].长春:吉林财经大学,2013.

[182]王志会.当前民间投资状况与鼓励对策[J].金融观察.2013(1):67-68.

[183]耿明斋,胡晓鹏.投资拉动经济增长的实证分析与理论思考[J].经济学动态,1999(11):40-44.

[184]张华嘉,黄怡胜.固定资产投资与经济增长——对1978—1997年中国经济的实证分析[J].世界经济文汇,1999(6):3-9.

[185]施祖辉.上海投资与GDP增长的决定关系研究——兼论上海经济增长的数量推动机制[J].上海财经大学学报(哲学社会科学版),2001,3(1):13-19.

[186]李红松.固定资产投资与经济增长关系的地区差异比较[J].生产力研究,2004(5):104-105.

[187]陈朝旭,张文,赵宇飞.我国固定资产投资规模与宏观经济关系的实证分析[J].工业技术经济,2005,24(6):130-132.

[188]郭克莎.总量问题还是结构问题?——产业结构偏差对我国经济增长的制约及调整思路[J].经济研究,1999(9).

[189]范德成,刘希宋.产业投资结构与产业结构的关系分析[J].学术交流,2003(1):68-71.

[190]张世贤.工业投资效率与产业结构变动的实证研究:兼与郭克莎

博士商榷[J]. 管理世界,2000(5):79-85.

[191]孟猛,孙杨,程春艳. 固定资产投资对海南产业结构调整的影响——基于DLM法[J]. 当代经济,2009(1):28-30.

[192]汪菁,何大安. 固固定资产投资与产业结构调整——基于我国1978—2006年情况的分析[J]. 中共浙江省委党校学报,2008,24(3):105-110.

[193]耿修林. 固定资产投资对产业结构变动的影响分析[J]. 数理统计与管理,2010,29(6):1104-1114.

[194]马富萍. 加大民间投资力度促进经济快速增长[J]. 前沿,2003(3):30-33.

[195]李博. 我国民间投资的发展研究[D]. 哈尔滨:哈尔滨工程大学,2004.

[196]曹建海,朱波,赵锦辉. 公共投资、私人投资与经济增长关系的实证研究——一个向量误差修正模型[J]. 河北经贸大学学报,2005,26(2):1-7.

[197]宋瑛,杜跃平. 民间投资和地区经济增长差异的实证分析[J]. 开发研究,2006(5):44-47.

[198]李苑. 民间投资与区域经济增长研究——以浙江、湖南两省为例[D]. 长沙:中南大学,2006.

[199]中国人民银行福州中心支行课题组,晏露蓉,黄素英. 民间投资与经济发展相关性研究[J]. 金融研究,2006(10):134-146.

[200]张洁,刘科伟,陈策. 我国民间投资与经济增长关系分析[J]. 西安邮电大学学报,2007,12(6):64-67.

[201]钞小静,任保平. 经济转型、民间投资成长与政府投资转向——投资推动中国经济高速增长的实证分析[J]. 经济科学,2008(2):5-15.

[202]杨行翀. 新环境下中国民间投资发展研究[D]. 南昌:南昌大学,2008(6).

[203]张静. 甘肃省民间投资与经济增长关系研究[J]. 甘肃科技,2009,

25(24):102-105.

[204]马宁,邹洁.西部地区经济增长与政府投资和民间投资的分析——基于VAR模型的研究[J].经济研究,2009(4):60-62.

[205]陈真玲.政府投资和民间投资与经济增长的关系研究[D].中国优秀硕士学位论文全文数据库,2010(6).

[206]戴瑞姣,李细满.浙江民间投资与经济增长:基于灰色关联度的分析[J].商业研究,2010(7):151-156.

[207]王晓茹.安徽民间投资与经济增长的实证分析研究[J].商业经济,2010(8).

[208]魏友.浙江民间投资经济增长效应研究[D].宁波:宁波大学,2012.

[209]罗洎,王莹.民间投资、技术创新与经济增长[J].中南财经政法大学学报,2013,199(4):57-62.

[210]陈朝龙,杨庆.政府投资与民间投资刺激经济增长效果分析[J].软科学,2014,28(7):15-19.

[211]张敏丽,杨雅如.民营经济对产业结构调整的推动力分析[J].商业时代,2007(21):8-9.

[212]何南,孟宪军.依托民营经济的产业结构升级探究[J].衡阳师范学院学报,2013,34(2):65-68.

[213]梁帅,韩学广.民间投资影响产业转型升级:作用、机理及实证分析[J].上海经济研究,2014(11):54-61.

[214]苏华.启动甘肃民间投资与产业结构调整关系探析[J].发展,2004(3):58-60.

[215]蒲祖河.民间投资与产业结构优化升级研究:温州个案分析[J].经济社会体制比较,2008(1):161-165.

[216]沈俊.民间投资的产业结构升级效应分析——以浙江省为例[D].杭州:浙江工商大学,2011.

[217]梁志斌.民间资本参与产业转型的路径创新研究——以浙江温州

为例[J]. 商,2012(18):145-145.

[218] 郭鹰. 浙江民间投资对产业转型影响的分析[J]. 浙江树人大学学报(人文社会科学版),2011,11(4):45-48.

[219] 李雪. 黑龙江省民间投资对产业结构升级影响研究[D]. 哈尔滨:哈尔滨商业大学,2015.

[220] 邓婷. 民间资本促进产业结构转型升级的路径研究——以珠江三角洲地区为例[D]. 南昌:南昌大学,2015.

[221] Jorgenson D. W. The development of a dual economy [J]. The Economic Journal,1961:309-334.

[222] 刘希章,李富有,邢治斌. 民间投资、公共投资与产业升级效应[J]. 当代经济科学,2015(1):21-29.

[223] 郭小东,章力. 公共支出效率评价——带非自主决定输入的两阶段数据包络模型[J]. 江西社会科学,2009,6(3):69-76.

[224] 杨大楷,孙敏. 公共投资与宏观经济结构的实证研究[J]. 经济问题,2009(4):21-24.

[225] 张宏霞. 地方政府投资的产业结构效应研究[J]. 经济经纬,2010(3):41-45.

[226] 辜胜阻. "后危机时代",让民间投资接力公共投资[J]. 中国人大,2009(22):27-27.

[227] 韩仁月,常世旺,段超. 中国省级公共投资对私人投资的动态效应研究[J]. 财贸研究,2009,20(6):63-69.

[228] 李国璋,张锋. 政府投资、经济增长对私人投资的动态效应和地区差异——基于动态面板模型的实证分析[J]. 高等教育与学术研究,2009.

[229] Richard J. Cebula, James V. Koch. Federal Budget Deficits, Interest Rates, and International Capital Flows: A Further Note[J]. Quarterly Review of Economics and Finance,1994,34(1):117-120.

[230] Sarah Beth Link. Do Government Purchases Crowd out Investment? [J]. Review of International Economics,2006,53(3):323-333.

[231]Heckman J. J. ,Yi J. Human Capital,Economic Growth,and Inequality in China[R]. National Bureau of Economic Research,2012.

[232]Hanushek E. A. Economic Growth in Developing Countries: The Role of Human Capital[J]. Economics of Education Review,2013,37: 204-212.

[233]郭晔,赖章福. 政策调控下的区域产业结构调整[J]. 中国工业经济,2011,4:74-83.

[234]靖学青. 产业结构高级化与经济增长——对长三角地区的实证分析[J]. 南通大学学报(社会科学版),2005(3): 45-49.

[235]Shephard R. W. Theory of Cost and Production[M]. Princeton:Princeton University Press,1970.

[236]Caves D. W. ,Christensen L. R. ,Diewrt W. E. Economic Theory of Index Numbers and The Measurement of Input, Output and Productivity [J]. Econometrica ,1982,50(6):1393-1414.

[237]Rolf Färe,Shawna Grosskopf,Mary Norris,Zhongyang Zhang . Productivity Growth,Technical Progress, and Efficiency Change in Industrialized Countries[J]. The American Economic Review,1994,84 (1):66-83.

[238]张军,章元. 对中国资本存量 K 的再估计[J]. 经济研究,2003(7):35-43.

[239]李仁君. 中国三次产业的资本存量测算[J]. 海南大学学报(人文社会科学版),2010,28(2):47-52.

[240]宗振利,廖直东. 中国省际三次产业资本存量再估算:1978—2011[J]. 贵州财经大学学报,2014,32(3):8-16.

[241]胡永泰. 中国全要素生产率:来自农业部门劳动力再配置的首要作用[J]. 经济研究,1998(3):31-39.

[242]王小鲁. 中国经济增长的可持续性与制度变革[J]. 经济研究,2000(7):3-15.

[243]龚六堂,谢丹阳. 我国省份之间的要素流动和边际生产率的差异分析[J]. 经济研究,2004(1):45-53.

[244]黄勇峰,任若恩,刘晓生.中国制造业资本存量永续盘存法估计[J].经济学,2002,1(2):377-396.

[245]单豪杰.中国资本存量K的再估算:1952~2006年[J].数量经济技术经济研究,2008(10):17-31.

[246]Coelli T. J., A Guide to Frontier Version 4.1: A Computer Program for Stochastic Frontier Production and Cost Function Estimation [J]. CEPA Working, University of New England, 1996:96-107.

[247]樊纲,王小鲁,马光荣.中国市场化进程对经济增长的贡献[J].经济研究,2011(9):4-16.

[248]郭杰.我国政府支出对产业结构影响的实证分析[J].经济社会体制比较,2004(3):121-126.

[249]罗洎,王莹.民间投资、技术创新与经济增长[J].中南财经政法大学学报,2013(4):57-62.

[250]邢治斌.分权制下地方政府财政行为的产业升级效应研究[D].西安:西安交通大学,2015.

[251]Kortum S., Lerner J. Assessing the Contribution of Venture Capital to Innovation[J]. Rand Journal of Economics,2000,31(4):674-692.

[252]Hellman T., M. Puri. Venture Capital and the Professionalization of Start-up Firms[J]. Journal of Finnance,2002,57(3):169-197.

[253]Hirschman A. O. The Strategy of Economic Development[M]. New Haven: Yale University Press,1958.

[254]廖文龙,龚三乐.产业转移对广西产业结构演化影响的实证分析[J].广西社会科学,2009,10:13-17.

[255]褚敏,靳涛.为什么中国产业结构升级步履迟缓——基于地方政府行为与国有企业垄断双重影响的探究[J].财贸经济,2013,3:112-122.

[256]干春晖,郑若谷,余典范.中国产业结构变迁对经济增长和波动的影响[J].经济研究,2011,5:4-16.

[257]李子伦.产业结构升级含义及指数构建研究——基于因子分析法

的国际比较[J]. 当代经济科学,2014,1:89-98.

[258] Zhu X. D. Understanding China's Growth: Past, Present, and Future [J]. The Journal of Economic Perspectives,2012,26(4):103-124.

[259] Acquaah M. Social Netwoking Relationships Firm-specific Managerial Experience and Finn Performance in A Transition Economy: A Comparative of Family Owned and Nonfamily Firms[J]. Strategic Management Journal,2012,33(10):1215-1228.

[260]李慧媛. 基于面板数据模型的我国产业结构优化升级的影响因素分析[D]. 杭州:浙江大学,2010.

[261]刘卫东,刘红光,唐志鹏,等. 出口对中国区域经济增长和产业结构转型的影响分析[J]. 地理学报,2010,65(4):407-415.

[262]张宇. 空间经济视角下的外资依赖与中国经济增长[J]. 经济学(季刊),2010(4):1211-1238.

[263]沈炳熙. 论转型升级背景下民间投资的效益提升——基于浙江台州的分析[J]. 农村金融研究,2011(11):34-39.

索 引

A

阿肖尔（CH2）

B

变系数模型（CH1、CH5）

并购重组贷款（CH7）

C

产业关联效应（CH3、CH5、CH6）

产业结构升级阶段（CH7）

产业链协调（CH6）

产权制度（CH3）

场外市场（CH7）

粗放型增长方式（CH1）

存量调整（CH6）

D

第二大经济体（CH1）

抵押担保贷款（CH7）

多元化融资体系（CH7）

E

二阶导函数（CH1、CH4）

二元结构转变理论（CH2）

二元金融结构（CH6）

F

法律支持系统（CH7）

发展经济学（CH1、CH2）

非公有制经济（CH3）

分层聚类（CH2）

分组样本估计（CH5、CH6）

风险投资（CH6、CH7）

负面环境效应（CH1）

G

港澳台投资（CH1）

高端产业（CH2）

高知识密集型（CH3、CH6）

规模报酬不变（CH2、CH3、CH4）

规模效应（CH2）

国际金融危机（CH4、CH5）

国有企业所有制改革（CH7）

股权分置改革（CH4）

工业经济特征（CH4、CH5）

经济服务化（CH6）

K

科技企业孵化中心（CH7）

库兹涅茨法则（CH2）

H

哈罗德—多马模型（CH2）

赫希曼（CH2）

后向关联（CH3、CH6）

互动协调（CH1）

混合所有制经济（CH3）

货币政策（CH2、CH4）

霍夫曼法则（CH2）

L

利润再投资（CH7）

利益最大化（CH3）

两基准理论（CH2）

劣质企业投资（CH5）

刘易斯（CH2）

垄断壁垒（CH1、CH3）

I

IS – LM 模型

M

马克思经济学（CH3）

民办公助（CH7）

民营企业债券（CH7）

J

基本经济制度（CH1、CH3）

基尼系数分解法（CH2）

吉光片羽（CH2）

技术进步指数（CH4）

技术效率变动指数（CH4）

加速数理论（CH2）

结构主义增长理论（CH3、CH4）

金融机构聚集区（CH7）

金融公共信息平台（CH7）

N

农村资金互助会（CH7）

P

票据承兑贴现（CH7）

平减指数（CH4）

Q

钱纳里标准结构（CH2）

前向关联（CH3、CH6）

全球价值链（CH2）

R

融资性担保公司（CH7）

S

"三驾马车"（CH3、CH6）

商贸流通（CH7）

社会主义市场经济（CH3）

生产关系（CH3）

生产力基准（CH2）

生产要素组合优化（CH1）

生产资料（CH3）

市场供求（CH2、CH3）

市场失灵（CH3、CH4、CH7）

市场经济体制（CH1、CH3）

市场价格自由化（CH3）

时间序列分析（CH1）

首要拉动力量（CH1）

税收优惠（CH7）

私募基金（CH6）

索洛模型（CH2）

T

弹性加速模型（CH2）

天使投资（CH7）

投资乘数（CH2）

投融资效率（CH7）

投资拉动型（CH1）

脱实入虚（CH7）

W

外向型经济（CH5）

X

希克斯中性（CH2）

闲置生产能力（CH2）

闲置状态（CH6）

相互竞争（CH1）

新增长理论（CH2）

新古典经济增长理论（CH2、CH6）

新常态时期（CH4、CH7）

心理预期（CH2）

信息反馈装置（CH7）

信息技术支持系统（CH7）

Y

一阶导函数（CH1、CH4）

异质趋同（CH2）

永续盘存法（CH4）

由产到融（CH7）　　　　　　　　增量投入（CH6）

由融到产（CH7）　　　　　　　　政府主导型（CH1）

有形的手（CH3）　　　　　　　　政府公共投资（CH1、CH2、CH5）

　　　　　　　　　　　　　　　　证券市场（CH2）

Z　　　　　　　　　　　　　　资本存量调整模型（CH2）

战略性新兴产业（CH1、CH5、CH7）　资本质量（CH6）

后　记

冬末初春之际，本书终于拨云见日，即将付梓。在本书写作期间，有好多老师、亲朋、好友给予了我帮助和莫大的支持，在此表达我深深的敬意与感谢！

首先，向我敬爱的博士生导师李富有教授表达真诚的感谢，李老师对本书的结构、思路以及研究技术给予了很大指导，提出了大量的建设性意见，极大地激发了我的学术灵感，使本书不断完善，若没有老师的悉心指导，本书不可能如此系统地完成。一直以来，李老师深厚的学术功底、乐观豁达的人生态度，深深影响着我的学术生涯，使我在枯燥、乏味的学术探索中渐渐养成了阳光的心态，从容地面对自己的学术与人生。可以说，李老师是我的良师益友，再次表达对李老师的感谢与敬意！也要感谢我敬爱的硕士生导师王晓芳教授给予我的学术启蒙和无私奉献！

其次，我要感谢我母校西安交通大学的老师们，他们不仅教给了我专业知识，培育了我，也教给了我做人做事、厚德载物的道理，他们分别是：冯根福教授、崔建军教授、冯涛教授、沈悦教授、张成虎教授、孙早教授、严明义教授、杨秀云教授、宋林教授、李再扬教授、温军教授、魏玮教授、何建奎教授等，感谢他们的辛勤付出！我还要感谢生活中给予我支持与帮助的康杰老师、周建伦老师、王志斌老师、魏恒顺老师、朱少平老师、王彩萍老师、王平老师、蒲晓丽老师、杨燕荣老师、席瑶老师，感谢他们的默默付出！

同时，衷心感谢西北大学经济管理学院的任保平教授、惠宁教授、王满仓教授、王峰虎教授等给予我的帮助与指导！感谢师博教授、吴振磊教授对我的关心！且谨向中国经济出版社的贺静老师以及同人们表示感谢，谢谢他们在新型冠状病毒肺炎疫情期间不辞劳苦的工作！

最后，我必须要感谢默默支持我的亲人！我的妻子吕少明、儿子刘中孚！他们永远是我源源不断的精神动力源泉！

人生之路漫兮且长，吾将求之索兮且韧。人生之路是由一个个的征程组成的，短暂的艰难征程终将过去，新的征程即将来临，再次衷心地祝福所有老师们、朋友们以及亲人们身体康健！人生征程之路璀璨美好！

刘希章

2019 年 12 月